Géopolitique de la CHINE

중국의 지정학

Géopolitique de la Chine
by Hugues Eudeline
© Presses Universitaires de France/Humensis, 2024

No part of this book may be used or reproduced in any manner whatever without written permission, except in the case of brief quotations embodied in critical articles or reviews.

All rights reserved.
Korean Translation Copyright © 2025 by ECO-LIVRES Publishing Co.
Korean edition arrangeed with HUMENSIS, through BC Agency, Seoul.

이 책의 한국어판 저작권은 BC 에이전시를 통해 저작권자와 독점 계약한 에코리브르에 있습니다. 저작권법에 의해 한국 내에서 보호를 받는 저작물이므로 무단 전재와 복제를 금합니다.

중국의 지정학
새로운 해상제국을 향한 야망

초판 1쇄 인쇄일 2025년 8월 14일   초판 1쇄 발행일 2025년 8월 22일

지은이 위그 외들린 | 옮긴이 이대희
펴낸이 박재환 | 편집 유은재·신기원 | 마케팅 박용민 | 관리 조영란
펴낸곳 에코리브르 | 주소 서울시 마포구 동교로15길 34 3층(04003) | 전화 702-2530 | 팩스 702-2532
이메일 ecolivres@hanmail.net | 블로그 http://blog.naver.com/ecolivres | 인스타그램 @ecolivres_official
출판등록 2001년 5월 7일 제2001-000092호
종이 세종페이퍼 | 인쇄·제본 상지사 P&B

ISBN 978-89-6263-319-1 93300

책값은 뒤표지에 있습니다.   잘못된 책은 구입한 곳에서 바꿔드립니다.

중국의 지정학

새로운 해상제국을 향한 야망

위그 외들린 지음 | 이대희 옮김

에코 리브르

차례

서론	009

1 중국의 쇄국: 쇠락의 시대(1820~1976)   021
    굴욕의 세기의 발단   022
    서양의 집요한 무역 팽창   024
    간과한 바다   033
    중국 공화국들의 지정학   052

2 잠에서 깨어난 중국 경제   069
    중국의 놀라운 경제 성장   069
    해양 성장의 요소들   087
    새로운 시장을 향하여: '일대일로'   098
    중국의 북극 정책   108

3 중국 해군의 탄생과 경이로운 발전   119
    근해의 지배와 세계 대양의 통제   123
    해상제국 중국의 전력 투사   145

항공모함 개발 프로그램	162
필수 능력인 군사력 투사	174
해저에서 개입하기	177

결론 세계의 해상제국이 되려는 중국의 열망은 이루어질까 185
새로운 수출 시장이 필요한 중국	185
중국 해양 지정학의 상수들	188
현실이 된 분쟁 위험	196

감사의 글	201
주	203
참고문헌	213

지도 차례

개항장 031
10단선 093
일대일로와 21세기 해상 비단길 107
중국 근해의 족쇄와 빗장 122
스프래틀리 제도의 중국 해공군 복합 기지 128
말라카 해협과 중국 기지들의 거리 135

서론

*

 마오쩌둥 사후 중국 지도자들이 꾸준히 추진하면서 중국은 그리스어 표현을 빌리자면 탈라소크라시(thalassocracy), 즉 해상제국을 만드는 데 도움이 될 요소들을 하나씩 개발해나갔다. 카를 슈미트(Carl Schumitt)에 따르면, 바다에서 안전과 질서가 확립된 것은 그런 해상제국이 등장한 다음이다. 이렇게 만들어진 질서를 교란하는 자는 일반 형사범의 지위로 격하되었다.

 또한 해상제국은 전 세계 대양에서 교역의 주요 흐름을 지배하기 위해 자신의 힘과 통제권을 행사할 수 있는 함대를 보유하며, 이를 통해 패권 역량을 가진다. 그렇지만 해상제국은 우선 무역 활동을 바탕으로 자신의 세력을 구축한다. 산업혁명과 함께 해상제국들은 이처럼 세계 제국으로 탈바꿈했다. 해상제국은 재화와 상품의 자유로운 이동을 허용하고, 전략적으로 중요한 해상로의 기지들을 통제하며, 해외 이익과 그곳의 자국 거주민을 보호할 수 있는 해군력을 갖춰야 한다. 이 모든 요소를 갖춘 중국은 계속해서 이를 더욱 강화하고 있다.

중국은 2022년부터 최대 상선 보유국이면서 상선 건조국이고, 세계 10대 컨테이너선 항구 중 7개를 보유하고 있다. 전 세계 대양에서 해양 교통로를 통제하고자 하는 중국은 이를 위해 해외에서 장기 임대로 관리하는 항만 터미널들로 구성된 '진주 목걸이'(중국이 인도양으로 진출하는 지역을 선으로 연결하면 진주 목걸이 모양이라는 데서 따온 표현—옮긴이)를 확충하려 한다. 그리고 21세기 해상 비단길 프로젝트, 특히 기후 온난화와 북동항로(러시아 북쪽을 경유해 대서양과 태평양을 연결하는 항로—옮긴이) 개통을 이용하려는 북극항로 프로젝트를 추진하고자 한다. 해외 이익 보호에 필요한 해상력의 눈부신 도약으로 (현재는 함정 수에서, 그리고 조만간 톤수에서도) 중국의 해군과 해안 경비대(해경), 해상 민병대는 세계 최정상권이다. 또한 중국은 해군에 필요한 거점과 보급 기지 확보를 위해 태평양에서 영향력 확대를 추구하고 있다. 그러면서 태평양에서 주로 미국과 대결하는데, 늦어도 2049년에는 미국을 대체하는 세계 최고의 해양 세력이 되려고 한다.

중국 지정학 전략의 방향성이 두드러지는 새로운 전력 요소들을 빠른 속도로 획득하면서 중국 군사력의 구조가 진화하고 있다. 2023년 말에 중국 군부에서 일어난 중요한 변화는 분쟁의 전조로 해석될 수 있다. 해군, 정확히 말하자면 타이완—그리고 십중팔구 미국—과의 분쟁시 가장 먼저 투입될 잠수함이 중국 군사정책에서 우선순위를 차지했다. 2023년 12월 25일, 시진핑 주석은 후중밍 제독을 중국인민해방군 해군 사령원(사령관)으로 임명했다. 잠수함 승조원 출신이 이 직책을 차지한 것은 1996년 장롄중 퇴임 후 처음이다. 2023년 12월 29일, 14기 전국인민대표자회의 상무위원회는 둥쥔 제독을 국방부 부장(장관)에 임명했다. 해군 출신이 이 직책을 맡은 것은 처음이다. 이러한 임명은 지상의 베헤모스(육군)보다 바다의 레비아탄(해군)을 우선시하는 해양 전략으로 선회했음을 보여준다(베헤모스와 레비아탄은 성경에 등장하는 지상과 바다의 거대 괴물 — 옮긴이).[1] 이런 변화는 2013년 시진핑이 권좌에 오른 이래 끊임없이 강조되고 있다. 마침내 2024년 4월 19일, 군대를 대대적으로 개편해 4개 군(해군·육군·공군·로켓군)과 그보다 하위의 부전구급 장성이 지휘하는 4개 부대[2016년 창설된 연근보장부대(합동물류지원군)와 신식지원부대(정보지원군), 군사항천부대(우주항공군), 망락공간부대(사이버군)]로 재조직했다.

중국 문명의 역사는 3000년이 넘는다. 그동안 중국 문명은 무력 침략, 상반된 정치와 경제 이념, 다양한 종교 문화 등의 형태로 외부 영향에 직면해왔고, 그 영향은 때로는 격렬했다. 하지만 중국 문명은 그 모든 영향을 흡수하고 항상 중국화했기에, 그 영향들은 중국 정신의 특징이라고 할 수 있는 중국 문화의 독특함을 지속적으로 저해하지는 못했다. 이러한 사실에서 중국 지도자들이 역사와 맺는 특별한 관계를 설명할 수 있다. 그들의 정치적·외교적·군사적·학문적 행동 양식이 장기간에 걸쳐 흔적을 남긴다는 점에서 서양 민주주의 강대국들의 지도자들과 뚜렷이 구별된다. 그들은 역사적 경험의 교훈에 대한 정교한 분석에 뛰어나고, 장기적으로 계획을 수립하며, 대규모 프로젝트 실행에서 연속성을 존중한다. 역사는 미래를 예측하게 해주지는 못하지만 적어도 미래를 밝혀준다.

중국은 자기 문명을 보존하는 데 위협이 된다고 여겨 항상 외부 세계와 거리를 두려 했고, 언제나 중국 중심 정책을 펴 스스로를 일종의 '지정학적 섬'으로 만드는 경향이 있었다. 중국은 자신을 지키려고 육지의 변경에서는 항상 완충 지대를 구축하려 했고, 바다 쪽으로는 가능하면 개발하지 않는 선택을 오랫동안 해왔다. 오늘날 이 '지정학적 섬'은 인구가 과밀하고 경작지는 부족하기에—중국은 세계 인구의 20퍼센트를 차지하지만 경작지는 겨우 10퍼센트에 그친다—발전에 필수적인 무역 시장과 외국 기술이 반드시 필요하다. 중국은 이 상반되는 두 가지 지상 과제를 조화시키려 애쓰는데, 중국을 외부 세계와 연결하는 물리적 공간 및 가상 공간인 완충 지대들을 지배하면서 그런 공간을 자국 이익에 최대한 이용하려 한다. 현재 중국 지도자들은 해양 영역과 우주, 그리고 사이버공간 등 이런 '공유 공간'[2]을 통제하려는 의지를 분명하게 드러내고 있다. 이 공간들은 경쟁이 허용되는 인류 공동의 유산이고, 중국의 진출은 중국의 일반적인 지정학 관행처럼 소규모의 완만한 조치들로 점철되어 있어서 그 어떤 조치도 카수스 벨리(casus belli: 전쟁의 원인이라는 뜻의 라틴어로 전쟁을 일으키는 정당한 이유라는 의미—옮긴이)를 구성하지 못하지만, 시간이 흐르면서 이런 조치들은 축적되어 주요한 전략적 변화를 초래한다.

중국은 일찍부터 육로와 해로로 서양과 교역 관계를 맺고 있었다. 그렇지만 이 관계는 일방적이었다. 금과 은을 제외하고 서양에서 생산된 그 어떤 것도 중화제국의 관심을 끌지 못했기 때문이다. 한나라 무제의 사절로 파견된 '비단길의 아버지' 장건이 서역과 처음으로 무역 접촉을 한 것은 기원전 139년경이다. 그리고 현재의 이란을 차지한 파르티아의 왕 미트리다테스 2세는 기원전 100년 중국에 사절을 보냈고, 중국은 파르티아 제국에 사절관을 설치하기도 했다. 1세기에, 그 이전까지 중국과 직접 접촉이 없었던 로마인들은 먼 동양에서 온 신비로운 천인 비단을 발견했다. 기원전 64년에 시리아를 정복한 이후 로마인들은 강력한 파르티아 제국과 접촉하게 되었다. 라틴어 저술가들은 중국인을 '세레스(Seres)'라고 지칭했다('시(si)'는 중국어로 '비단'이고, '세리카(serica)'는 비단의 나라라는 의미다). 그렇게 로마 제국은 파르티아인들과 교역을 시작했는데, 반유목민인 파르티아인은 육로로 아시아와 서양 사이의 대상(隊商) 교역을 담당했다.

육로와 해로로 두 개의 비단길이 열려 문화와 기술, 종교에서 풍성한 교류를 낳았다. 비단길은 비단 교역의 길만은 아니어서 종이와 도자기, 비취, 보석, 모피와 함께 나중에는 책과 서쪽에서 오는 종교(불교, 기독교의 일파인 경교, 이슬람교 등)의 길이기도 했다.

길이가 1만 킬로미터 넘는 육로는 대륙을 가로지르는 여러 통로를 이용했다. 수백 마리의 낙타로 구성된 대상은 약탈당하지 않게 강력한 무장 호위대가 보호했다. 혹독한 기후 조건을 감수해야 하는 대상은 각 지역에서의 전쟁에도 대비해야 했다.

도자기처럼 무거운 상품의 운송에 적합한 해상 물류는 긴 항해 여정을 담당하는 중개인이 수송을 맡았고, 12세기까지 인도양 항해는 페르시아와 아랍이 거의 독점하다시피 했다. 가장 중요한 출발 도시는 광저우였다. 중국 선박들은 남쪽으로 내려와 인도네시아 섬들과 말라카 해협으로 향했다. 그런 다음 서쪽으로 인도로 향했고, 거기서는 보통 아랍 배들이 중계했다. 아랍 배들은 북쪽으로 페르시아만으로 진출해 이라크의 바스라나 바그다드 그리고 그 너머로 향하거나, 서쪽으로 홍해로 진출한 다음 육로로 알렉산드리아까지 가고 이어 지중해를 통해 로마로 향했다. 비단 자체의 가격과는 상관없이 긴 시간이 걸리는 이런 여행의 비용은 상당했다. 대(大)플리니우스는 이런 사치품 교역으로 인도가 로마 제국에서 적어도 5000만 세스테르티우스(고대 로마에서 사용하던 은화—옮긴이)를 빼앗아간다고 불평했다. 인도인들은 금화나 은화로만 계산하려고 했다.

중국 해안에 접한 바다에서는 10세기부터 연안 무역이 발전했다. 천문학과 나침반을 활용하는 원양 항해의 단서들이 12세기 초 중국 선박들에서 나타났다. 연안에서 원양으로 항해가 확장했다는 것은 세계의 모든 문화권에서 나타나는 주요한 지적 진보의 표식이다. 중국에서 이런 확장이 함대의 확장과 동시에 전개된 것은 송나라 시대(960~1279)로 보인다.3 1274년에 송나라 함대의 선박은 1만 3600척에 이르렀을 것이다.4 이때가 처음으로 일본 원정을 했던 해였고(일본 원정에 나선 나라는 송나라가 아니라 원나라다—옮긴이), 그 원정에는 25만 명의 전투원을 실은 900여 척의 배가 동원되었을 것이다. 최악의 기후 조건 탓에 대부분의 배는 난파되었다.

원나라(1271~1368)의 몽골인들은 해상 교역을 국유화했고, 세금과 의무를 늘려 송나라가 구축한 경제 시스템을 허물었다. 함포가 처음 등장한 것도 이 시대였다. 1281년에 원나라는 4400척의 선박으로 두 번째 일본 원정에 나섰다. 이 원정도 실패했는데, 태풍 때문에 대부분의 배가 침몰했다. 이 태풍을 일본인들은 서양에도 널리 알려진 말인 '가미카제', 즉 신풍(神風)이라 불렀다.

해상 운송은 당시 중국 경제에 중요한 역할을 했다. 또한 이 시기에 중국의 대형 정크선이 인도양에 모습을 드러냈고 해상 물류를 지배했는데, 조선 기술의 우수성 때문이었다. 벨렉(Bellec) 제독은 《장거리 항해에 나선 상인들(Marchands au long cours)》에서 아랍 여행가 이븐 바투타를 인용했다. 이븐 바투타는 1341년 인도 캘리컷(코지코드)에서 장마를 기다리다 먼바다에서 돛이 4개, 심지어 7개까지 달린 이 거대한 선박들을 발견하고 놀랐다. 이 배들은 수십 명의 상인과 그들의 노비 및 첩들을 싣고서도 위생 시설과 만물상, 세탁소도 갖추었다. 그 당시 유럽의 어떤 배도 진정한 원양 항해 역량을 갖추지 못했고, 그런 역량은 서양에서는 2세기 후에나 가능했다.

1368년에서 1395년까지 명나라(1368~1644) 초기에 홍무제가 실시한 조세 개혁으로 외국인도 교역을 할 수 있었고, 외국과의 통상은 비난받아 마땅하다고 여긴 행동 때문에 금지될 때까지 계속되었는데, 이런 일이 수 세기에 걸쳐 반복되었다.

1420년에서 1431년까지 무슬림 환관 정화는 남중국해와 인도양, 홍해로 일곱 차례 원정에 나섰다. 317척의 선박으로 구성된 선단에는 보물선으로 부른 배가 60척 이상이었는데, 길이가 120미터에 이르렀을 보물선에는 돛이 9개나 달려 있었다. 오늘날 선박 설계사들은 이에 의문을 제기하면서 선박 구조의 저항력 때문에 선박의 최대 길이가 60미터를 넘을 수 없었다고 추정한다. 그렇다고 해도 콜럼버스의 카라벨라(carabella: 15~16세기 에스파냐와 포르투갈이 신항로 탐험을 위해 개발한 중소형 고속 범선—옮긴이)가 30미터를 넘지 않았던 시대에 그 선박들은 가장 큰 배였다. 이 보물선들은 여러 전함의 호위를 받았고, 역시 범선인 이 전함들은 바람의 방향이 어떻더라도 호위 임무에 필요한 작전상의 기동력을 부여하는 노를 갖추었다. 이때가 중국 제국의 해양 절정기다.

같은 시기에 서양에서 일어난 일과는 대조적으로 이 탐험 여행은 식민지나 무역이 팽창하는 시대를 열지 못했다. 그와는 반대로, 아홉 살에 즉위한 명나라 정통제는 1436년에 칙령을 내려 충분히 대화가 가능할 법한 교섭 상대와의 접촉도 허락하지 않으면서 돛이 여러 개 달린 원양 선박을 건조하면 사형에 처했다. 지적 역량에 따라 충원되어 지배층을 형성한 관료들이 지배권을 쥐고 현실주의보다 문서 작성의 형식주의를 중시했다. 중국은 자급자족했고 고립되었다.

따라서 중국이 다른 모든 외국보다 압도적으로 우위에 있었는데도 해양 세력이 되기를 거부한 것은 물론 정치적 선택이지만, 이는 한편으로는 외국인 혐오뿐만 아니라 강한 우월감 때문이기도 했다. 뒤이은 명나라 해상 세력의 쇠퇴는 남중국해와 동중국해, 그리고 황해를 포함한 중국 근해에서 남방 해안을 따라 해적(왜구)이 번창하는 길을 열었다.

이런 급진적인 선택은 두 가지 이유로 설명할 수 있다. 한편으로는, 우선적인 위협이 몽골과 육지였기 때문으로, 그로 인해 중국은 기원전 3세기에서 17세기까지 그 유명한 만리장성을 쌓았다. 다른 한편으로는, 내륙의 상업 교역에는 대운하라는 대안이 있었기 때문이다. 길이가 1800킬로미터에 이르는 대운하는 항해 가능한 다섯 개의 큰 강을 연결하면서 내륙의 주요 교통수단이 되었다. 대운하는 연안을 따라 베이징과 항저우를 이었다. 기원전 5세기부터 파기 시작한 대운하는

15세기 초 영락제에 의해 완전히 다시 만들어졌다.

중화제국은 이렇게 해양에 대한 강한 야심을 포기했고, 반면에 서양 열강은 야심을 키워 이윽고 중국 해안에 당도한다. 중국의 위대한 해양 역사가 300년 동안 닫혀버린 이때는 유럽인들이 말라카(1513)를 거쳐 광저우 해안에 도착하기 직전이었으며, 마젤란과 엘카노가 처음으로 세계 일주(1519~1522)를 하기 직전이었다. 중국은 광둥의 왜구를 격퇴하는 데 도움을 준 포르투갈인들에게 1536년 마카오를 넘겨주었고, 포르투갈인들은 1557년 이곳에 상관(商館: 무역 거점으로 시작했으나 지역 정부 역할을 하면서 식민지 확장에 일조한 기관—옮긴이)을 설치했다. 서양의 다른 나라 선박들도 광저우에 당도해, 17세기에 네덜란드와 스칸디나비아 국가들과 영국이, 18세기부터는 프랑스와 미국 등이 뒤를 이었다. 서양인들은 처음에 비교적 환대를 받으면서도 중국의 예절, 포괄적으로는 중국의 문화와 풍습을 모른다는 이유로 '오랑캐' 취급을 받았다. 1685년의 황제 칙령으로 중국은 서양과의 무역에 문호를 개방했다. 그러나 1757년에 또 다른 칙령으로 이런 상업 활동을 광저우로 제한해 외국인들은 아주 좁은 상관 구역에 머물렀다. 1795년, 매카트니 경(Lord Macartney)이 이끄는 영국 사절단은 무역 관계를 확장하려고 시도했지만 실패했다. 매카트니 경을 수행한 한 관리에 따르면, "우리는 베이징에 거지처럼 들어가 죄수처럼 머물다가 도둑처럼 나왔다."[5]

그렇지만 외국인들을 광저우에만 머물게 했어도 교역은 양측 모두에 아주 유익했다. 단연 가장 큰 이윤을 남긴 것은 벵골에서 생산된 아편 밀거래였다. 아편 거래는 끊임없이 증가해, 주로 영국 선박으로 수입된 양은 18세기 말에 연간 4000상자에서 아편전쟁 직전에는 4만 상자에 이르렀다. 관리들이 밀무역을 막아보려 했지만, 부패 때문에 그들의 조치는 별로 효과를 보지 못했다.

"한 상자당 40달러, 이것이 1820년대 관리의 양심 값이었고, 아편 밀수업자들은 매년 수십만 달러를 지불하는 '부패 상자'를 공급했다."[6]

중국은 오랫동안 서로 치열하게 경쟁하던 유럽 국가들과의 상호작용을 억제할 수 있었다. 유럽 국가들의 상업 활동은 접근 가능성이 희박해 제한되었다. 외국과의 지적 교류와 접촉은 극히 적었는데, 반면에 유럽은 국민국가 체제에 기초해 외부로 눈을 돌렸고 대규모 교역 관계와 지적 교류가 성장과 혁신을 촉진했다.[7] 중국의 관료 체제는 16세기와 17세기에 유럽에서 발전한 상업 및 산업 부르주아의 등장을 막았다. 그래도 중요한 경제 발전을 이끈 것은 대규모 인구 증가와 집약적인 쌀농사 채택이었다. 이 시기 중국은 폐쇄적이면서도 성장을 계속할 수 있었지만, 이런 지정학적 선택은 유럽의 해양 세력과 대면하면서 지속될 수 없었다.

1820년에 세계 최대 경제 대국으로[8] 전 세계 국내총생산(GDP)의 32.9퍼센트를 차지했던[9] 중국은 연거푸 다양한 지정학적 방침을 채택했다. 중국은 한 세기 이상 계속된 굴욕[10]과 쇠퇴를 겪은 후 바다를 통해 세계로 나아가는 문을 열면서 놀라운 경제 부흥을 이루었으며, 이제는 해양 세력으로 경이로운 도약을 통해 이를 더욱 공고히 하려고 한다.

중국은 모든 해양 영역에서 (민간과 군사 부문에서 동시에) 이중 접근을 일반화하고 유리한 구매력 평가를 활용해, 대양 지정학의 무장 수단인 해군에 공식 발표보다 훨씬 더 많은 실질 예산을 할당한다.

중국은 근해에서 우선적인 지배력을 행사할 수 있는 해군력을 갖출 때 세계적인 해상제국이 될 것이다. 해상 운송의 안전을 확보하고 전 세계에 걸친 정치 및 상업의 이익을 유지하려면 중국은 강력하고 균형 잡힌 전투 함대도 필요하다. 이를 위해 전 세계 해양의 주요 항로에서 상시적인 존재감을 확보하려면 중국은 기지와 이중 거점, 보급 중계지가 필요하다.

중국의 쇄국: 쇠락의 시대(1820~1976)

★

1840년에서 오늘날까지 100년이 넘게 흘렀다. ……중국을 침략한 전쟁은 모두 바다를 통해 벌어졌다. 중국이 패배를 반복하고 굴욕을 겪고 영토를 할양한 이유는 변변한 해군이나 해양 안보를 갖추지 못했기 때문이다.
—마오쩌둥(1949년 8월 28일)

1820년에 중국은 1인당 GDP는 저조했지만 3억 8000만 명에 이르는 거대한 인구 때문에 세계 최대 경제 대국이었다. 중국은 마오쩌둥이 1949년에 권력을 잡을 때까지 점진적으로 붕괴했고 그가 죽는 1976년까지 엄청난 요동을 겪었다. 이 쇠락의 첫 번째 국면인 '굴욕의 세기'는 일정 부분 이방인들 때문인데, 그들은 대부분 바다에서 왔지만 육지에서 국경을 마주하는 러시아는 주요한 예외였다. 러시아는 당시 무력보다는 효과적인 외교를 통해 중국의 약점을 활용할 줄 알았다. 또한 중화제국에게 처참한 이 시기는 수천 년의 역사를 수놓은 수많은 내부 반란과 투쟁의 결과이기도 했다. 이런 반란과 투쟁은 역사적 전통과 기술적 효율성이 전환하는 이 시기에 특히 그 대가가 컸다. 경제 쇠퇴는 두 번째 시기인 마오쩌둥 치하에서도 계속되었다. 그의 3대운동인 '토지 개혁'(1950~1953), '대약진 운동'(1958~1961), '문화대혁명'(1966~1976)은 모두 재앙으로 끝났다. 전 세계 GDP에서 중국의 비중은 1978년 4.9퍼센트에 불과했으며, 그때 덩샤오핑이 권좌에 올라 경제 재건에 착수했다. 1820년 전 세계 GDP에서 중국의 비중은 32.9퍼센트였다.

현재 중국 주석인 시진핑이 이른바 '중국몽(中國夢)'을 마오쩌둥이 중국 본토에서 권좌에 오른 지 100주년 되는 2049년에 실현하려고 하는 이유를 이런 파란만장한 과거에서 찾을 필요가 분명히 있다. 이는 국제무대에서 으뜸가는 자리를 되찾으려는 것에 다름 아니고, 중국어 국명의 글자 그대로 의미인 '세계의 중심'이 되려는 것이다.[1]

굴욕의 세기의 발단

서양 및 일본과의 대결은 특히 19세기부터 거칠어졌다. 전통을 진정으로 숭배하는 사회로서는 이에 대처하기 위해 중국을 개혁해야 할 필요를 받아들이기가 매우 어려웠다. 이 때문에 중국은 급격하게 쇠퇴의 길로 접어들었고, 대단히 격렬한 내부 소요로 쇠퇴는 더욱 가속화했다.

몽골의 경계에 있으면서 한족이 아닌 만주족 출신의 왕조인 청나라는 19세기 초에 절정에 달했다. 영토에는 만주와 외몽골, 티베트(1720년부터 보호령), 연해주 일부와 포르모사(Formosa, 현재의 타이완으로 1683년에서 1895년까지만 중화제국의 영토)가 포함되었다. ('포르모사'는 16세기 말 이 섬을 발견한 포르투갈인들이 '아름다운 섬'이란 뜻으로 붙인 이름. 이후 네덜란드 식민 시기를 거쳐 청나라에 복속된다―옮긴이) 북동부에서 서부까지는 사막이나 반사막의 변경 지대로 둘러싸였고, 한족이 아닌 민족들이 거주했다. 만주와 현재의 몽골에서 러시아 제국과의 국경은 1689년 네르친스크 조약과 1727년 캬흐타 조약으로 확정되었다.[2] '중국의 투르키스탄'인 신장의 상황은 더 복잡했다. 국경은 힘겨운 서몽골 원정 끝에 1750년대에 정해졌지만, 무슬림 주민들은 중국의 권위를 잘 받아들이지 않았고, 이곳은 오늘날에도 지속되는 끊임없는 불안의 온상이 되었다.

중국 제국의 관점에서 중국의 명목상 종주권은 한반도, (이후 일본 영토가 되는) 류큐 제도(오늘날의 오키나와―옮긴이), 인도차이나 반도 전체, 말레이시아, 미얀마, 부탄과 네팔, 아프가니스탄의 대부분 지역으로 확장되었다. 중국이 비약적인 번영을 이룬 것은 육지와 바다의 비단길을 따라 늘어선 교역소들이 일부 기여한 바도 있으나 주로 이 영향권 내에서의 교역 덕분이다. 당시 '중화제국'이 남중국해 일부와 (1683년에서 1895년까지) 타이완과 함께 말라카 해협 연안에 대해 종주권을 표방했다는 점을 생각하면 흥미롭다. 중국은 특히 1947년 '9단선(九段線: 중국이 남중국해 여러 곳에 그은 9개의 선―옮긴이)'을 긋는 정부 발표 이래 이 지역에 대한 권리를 주장한다. '우설선(牛舌線: 9단선을 연결하면 소의 혀 모양이라는 표현―옮긴이)'이라고도 불리는 이 선은 남중국해(중국어로 '난양(南洋)') 연안국들의 극렬한 반발을 불러일으켰다.

서양의 집요한 무역 팽창

19세기와 20세기는 중국의 경제와 세력의 역사적 쇠퇴가 1644년 이래 베이징의 권좌를 차지한 청나라의 내부 약화와 맞물린 시기였다. 격렬한 내부 투쟁이 1839년부터 1911년까지 서양과 일본의 개입으로 더 악화되면서 중화제국은 거의 해체 상태였다. 이는 여러 산업 국가들이 강요한 '불평등 조약'의 결과였지만, 그 국가들은 모두 제2차 세계대전까지 불평등 조약에 편승했다.

1차 아편전쟁(1839~1842)

해로를 통한 아편 밀무역이 1830년대 내내 증가하자 중국 정부는 마침내 마약 유입과 마약 구매에 따른 은의 유출을 막기 위해 개입하기로 결정했다. 은 유출로 공공 재정에 부담이 되었기 때문이다. 황제는 불법 무역과 너그러운 관리들의 시대를 끝내야 한다고 생각했다.

아편은 당시 해양 강대국인 대영제국과 대륙 강대국인 중국 사이에 분쟁 대상이 되었다. 광저우에 파견된 흠차대신 임칙서에게 이 갈등을 해결하라는 임무가 주어졌다. 1839년 3월 18일, 그는 중국 상인들에게는 아편 밀무역을 즉시 중단하라고 명령했고, 서양인들에게는 정박 중인 선박에 실린 화물을 인도하라고 명령했다. 영국인들이 이를 거부하자 그는 외국인들이 중국에 설립한 상업 시설인 상관을 폐쇄하라고 중국 군대에 명령을 내렸다. 육지나 바다 모두 완벽히 봉쇄되었다. 3월 27일, 특명전권 대사이자 영국 무역 총감독관인 찰스 엘리엇(Charles Elliot)은 아편 2만 283상자를 내주기로 결정했다. 아편은 5월

2일부터 중국에 인도되었다. 불운하게도 하선을 허가받은 영국과 미국 수병들이 중국인을 살해하지 않았더라면, 사건은 거기서 멈추었을 것이다. 임칙서는 수병들이 중국 법정에서 재판을 받아야 한다고 요구했지만, 수병들은 영국 법원에서 무죄를 선고받았다. 영국인들이 거부하자 임칙서는 홍콩 봉쇄를 명했다.

9월 4일, 영국 선박들은 중국 정크선의 봉쇄망을 뚫고 나갔다. 같은 국적 깃발을 단 호위함 2척〔하아신스(HMS Hyacinth)호와 볼리지(HMS Volage)호〕은 전투 정크선 29척으로 이루어진 선단이 에워싸고 위험하게 접근해오자 배에 닿기 전에 포문을 열 수밖에 없었다. 우월한 무력을 갖춘 영국인들은 이 추안비(穿鼻) 해전에서 승리를 거두었지만, 이는 그들이 원한 전투가 아니었다. 이렇게 1차 아편전쟁이 시작되었다.

몇 달 뒤 소식이 런던에 전해졌을 때,[3] 무력 개입을 옹호하는 외무상 팔머스톤 경(Lord Palmerston)은 의회 동의를 얻어냈다. 전쟁 목표는 폐기된 아편의 배상금을 지불받고, 광저우의 젖줄인 주강 하구에 있는 홍콩을 영토적 담보로 잡는 것이었다. 영국 해군은 기술적으로 아주 월등히 뛰어난 해군을 활용해 재빨리 기선을 제압했다. 임칙서는 찰스 엘리엇과 추안비 협정을 맺었으나, 이를 인정하지 않은 황제는 그를 해임했다. 이것이 아편전쟁의 두 번째 원정을 촉발한 요인이었다. 1841년 8월에서 1842년 8월까지 전투는 중국의 남부 해안을 따라 계속되었고, 상륙한 영국 부대는 주로 창검으로 무장하고 서양 군대와 맞서본 적 없는 중국 병사들을 대적했다. 영국군의 한 부대는 양쯔강을 거슬러올라가 난징까지 도달해, 결국 중국 정부는 1842년 8월 29일 난징 조약을 체결해야 했다.

이로써 중국의 찬란한 고립은 종말을 고했다. 5개 항구를 영국과의 무역을 위해 개방했고, 홍콩을 영국에 할양했다. 자연적으로 잘 보호된 항구인 홍콩의 입지는 당시 굴지의 영국 무역회사들의 관심을 크게 끌었고, 그 선두에는 1842년 난징 조약의 핵심 협상가인 헨리 포틴저 경(Sir Henry Pottinger)의 비서처럼 굴었던 자딘매디슨〔Jardine Matheson: 영국인 윌리엄 자딘(William Jardine)과 제임스 매디슨(James Matheson)이 1832년 광저우에 설립한 무역회사. 중국명은 이화양행(怡和洋行)으로 우리나라에 들어온 최초의 서양 무역회사이기도 하다—옮긴이〕이 있었다.

미국과 프랑스도 1844년에 각각 왕샤 조약과 황푸 조약으로 똑같은 특혜를 획득했다.

중국인들, 특히 서양인과 접촉한 경험이 있는 이들에게 서양인은 '외국 악마'여서 주민들을 감염시키지 않게 가두어놓아야 할 존재였다. 오랑캐를 억누르는 것이 중국 대외정책의 기초였다. 이것이 난징 조약에 임한 중국의 암묵적인 목표였다. 그래서 난징 조약은 부분적으로만 준수되었다.

영국은 1차 아편전쟁에서 유럽으로부터의 보급 연결과 부대 수송을 비롯해 해양력을 과시했지만, 중국은 이를 정확하게 분석하지 못했다. 중국은 자신이 지적으로 뛰어나다고 확신하면서 전통의 우월함을 믿었다. 중국 한림원의 한 보고서는 각국의 지식에서 시너지를 도출하려고 하기보다는 각국의 지식을 대조했다. "당신들은 우리 법과 제도에 무지하며 정당한 원칙에 무지합니다. ……선박의 견고함과 총 사격의 격렬함, 대포의 위력 외에 당신들은 어떤 재능이 있습니까?"라는 그 보고서를 중국 전문가 로제 펠리시에(Roger Pélissier)는 전하고 있다.

서로 신뢰가 없는 이런 조건에서 무역은 발전하기 어려웠고, 외국인 거주자는 여전히 드물었다(1850년 상하이에는 100여 명밖에 없었다). 서로가 불만이었다.

2차 아편전쟁(1856~1860)

1856년 10월 8일, 유럽식 선체에 정크선 장비를 단 범선 로르차(lorcha)선인 애로(Arrow)호가 영국 깃발을 달고 광저우의 주강에 정박해 있다가 중국 선박에 나포되었다. 깃발은 내려졌고, 중국인들로 구성된 선원들은 체포되었다. 사태는 악화되어, 흠차대신 엽명침과 광저우 주재 영국 당국 사이에 서한이 오가고 나서 폭력 행위가 뒤를 이었다. 1856년 12월 15일, 유럽 상관들에 화재가 발생했다.

런던의 하원에서는 논쟁에 불이 붙었고, 배상을 받을 수 없게 되자 원정을 결정했다. 프랑스도 나름의 이유로 원정에 합류하기로 했다. 프랑스는 황푸 조약 이래 서양인이 거주하는 지방에서 사실상 중국인 가톨릭 신자들의 공식적인 보호자였지만, 그 외 지방에서 가톨릭 신자들은 박해를 받았다. 1856년 2월 29일, 샤프들렌(Chapdelaine) 신부가 순교했는데, 광시성에서 처형되었다. 이 죽음을 계기로 프랑스 외무상 발레프스키 공(Prince Walewski)은 영국과 함께 중국 원정에 참여하게 되었다.

1857년 10월, 엘긴 경(Lord Elgin)과 프랑스 특사 그로 남작(Baron Gros)은 홍콩에서 회동해 두 나라의 원정군에 합류했다. 1857년 12월 28일, 연합군 전함들은 광저우를 포격했고, 해병과 육군이 근처에 상륙해 성벽에서 나와 전투에 나선 중국 병사들과 맞닥뜨렸다. 화승총과 커다란

조총처럼 별로 효과적이지 못한 총기와 함께 활과 화살밖에 없는 중국 병사들을 손쉽게 격퇴했다. 광저우는 함락되었고, 흠차대신 엽명침은 포로가 되었다. 러시아와 미국도 합류한 협상은 난관에 봉착했다. 이를 타개하기 위해 베이징에서 137킬로미터밖에 떨어지지 않은 항구인 톈진의 하이허강 입구를 지키는 요새를 장악하기 위한 작전이 펼쳐졌다. 러시아·프랑스·미국·영국은 마침내 각각 개별 조약을 체결했다.

1858년 7월 4일, 중국 황제의 칙령이 마침내 당도했다. 비준서는 차후에 교환하기로 합의했다. 이는 자신들의 관습에 충실한 중국 측에서 시간을 벌려는 새로운 방법이었다. 네 나라의 전권 대표들이 1859년 6월에 톈진에 모습을 드러냈을 때 그들의 통행은 금지되었고, 그들이 타고 온 포함들은 접근을 막는 요새의 포격으로 퇴각했다. 포격은 이전과는 다르게 정확성이 있었다. 그래서 연합군은 새로운 원정을 계획해 실행에 나섰다. 1860년 8월 1일과 22일 사이에 요새를 함락했고 톈진을 유린했다. 황제는 저항을 계속하면서 초토화 전략을 구사하라고 명령했지만, 영불 군대는 베이징을 향해 계속 전진했다. 영불 군대는 중국에게 파국을 안겨준 팔리교 전투에서 결정적인 승리를 거두고, 연합군의 전진을 늦추려는 중국의 지연 작전으로 간헐적이지만 격렬한 전투를 치른 후 10월 7일 원명원에 당도했다. 앞서 9월 18일에 협상가들과 호송대는 납치된 상태였다. 포로들의 시체를 발견한 후 연합군은 원명원을 유린하고 약탈을 자행했다.

영국과 프랑스 군대의 원명원 약탈은 중국에서 외국의 침략과 굴욕의 상징으로 여겨진다. 베이징 북서부 350헥타르에 펼쳐진 이 놀라운 건축물에는 가치를 헤아릴 수 없는 보물들이 있었다. 영국의 협상가들과 20여 명의 영국·프랑스·인도 병사들로 구성된 소규모 호송대는 협상 도중에 체포되어 끔찍한 상태로 고문을 당하고 살해되었다. 엘긴 경은 10월 18일에 보복으로 원명원을 파괴하라고 명령했다. 이 소식이 유럽에 알려지자 격렬한 반대 물결이 일어났다. 아연실색한 빅토르 위고(Victor Hugo)는 〈버틀러 함장에게 보내는 편지(Lettre au capitaine Butler)〉에 다음과 같은 글을 써 반향을 불러일으켰다. "역사 앞에서 두 도적 떼 중 하나는 프랑스라고 불릴 것이고 다른 하나는 영국이라고 불릴 것이다. 그러나 나는 이에 반대하며 내게 이런 기회를 준 당신에게 감사한다. 이끄는 자들의 범죄는 이끌려간 사람들의 잘못이 아니다. 정부는 도적 떼가 될 때가 있지만, 국민은 전혀 그렇지 않다."

1900년에 유럽 군대들이 저지른 두 번째 약탈로 원명원은 완전히 파괴되었다.

서양 군대가 처음으로 베이징에 입성했다. 엘긴 경은 1860년 10월 24일 영국을 대표해 베이징에서 평화조약에 서명했고, 그다음 날 그로 남작은 프랑스를 대표해 같은 일을 했다.

이렇게 중국은 더 이상 경시할 수 없게 된 서양 외교관의 상주를 강제로 허용할 수밖에 없었다. 서양의 상인과 종교인에 대한 중국의 문호개방은 이렇게 법제화되었다. 그렇지만 종교인들만 제국의 어느 곳에서나 거주할 수 있었고, 종교 기념물을 건립할 수 있었다. 그 외의 사람들은 마음대로 통행은 할 수 있었지만, 정착은 개항장에서만 할 수 있었다.

이런 개항장은 16곳으로 늘어났고, 그중 톈진은 베이징에서 가장 가까웠다. 양쯔강 하구에 위치한 상하이도 개항장 가운데 하나였다. 양쯔강은 선박이 한커우(오늘날 우한시를 구성하는 세 도시 중 하나)까지 1000킬로미터를 거슬러올라갈 수 있는 큰 강이다. 상하이는 이렇게 중국 내륙으로 개방된 항구가 되었다. '개항장'은 외국인이 거주와 무역을 자유롭게 할 수 있게 중국과 외국 열강이 서명한 조약에 명시된 장소다. 그곳에서는 치외법권이 규칙이었기 때문에 외국인의 행위에 대해서는 그 나라 당국이 책임을 졌다. 개항장에서 관세는 낮았다. 마지막으로, 최혜국대우 조항 덕분에 열강은 한 나라가 중국 정부로부터 획득한 특혜를 모두 자동으로 누렸다. 1842년의 난징 조약으로 광저우·샤먼·푸저우·닝보·상하이가 먼저 개항했다. 톈진 조약(1858)과 베이징 조약(1860)으로 11개 항구(주장·한커우·하이커우·산터우·단수이·타이난·잉커우·전장·옌타이·난징·톈진)가 추가로 개항했다. 청나라 말(1912년)에는 개항장이 50곳이 되었다. 이 개항장들은 외세 제국주의와 그 제국주의의 세계적인 해양 제패를 상징하면서 또한 반(半)식민지에 처한 중국의 위상을 끊임없이 환기시켰다.

근대적인 군사력과 해군을 갖출 수 없었던 중화제국은 이권을 양도해야 했고, 그렇게 당한 굴욕의 기억은 세대를 이어 전해졌다. 제국은 원하지 않았지만 '바다로 온 오랑캐들'은 세계로의 개방을 강요했다. 그렇지만 이 개항장들은 또한 도시적이고 상업적인 방향을 제시하면서 국제적인 문화를 함양했고, 이는 서양 영향력의 원천이면서 중국이 근대화와 개혁, 혁명으로 나아가도록 이끌었다. 개항장의 지방 지식인들과 엘리트들은 '자강운동'[4]에서 중요한 역할을 했고, 상인들과 콤프라도르(comprador)[5]들은 필요한 자본과 경영 능력의 상당 부분을 제공했다.

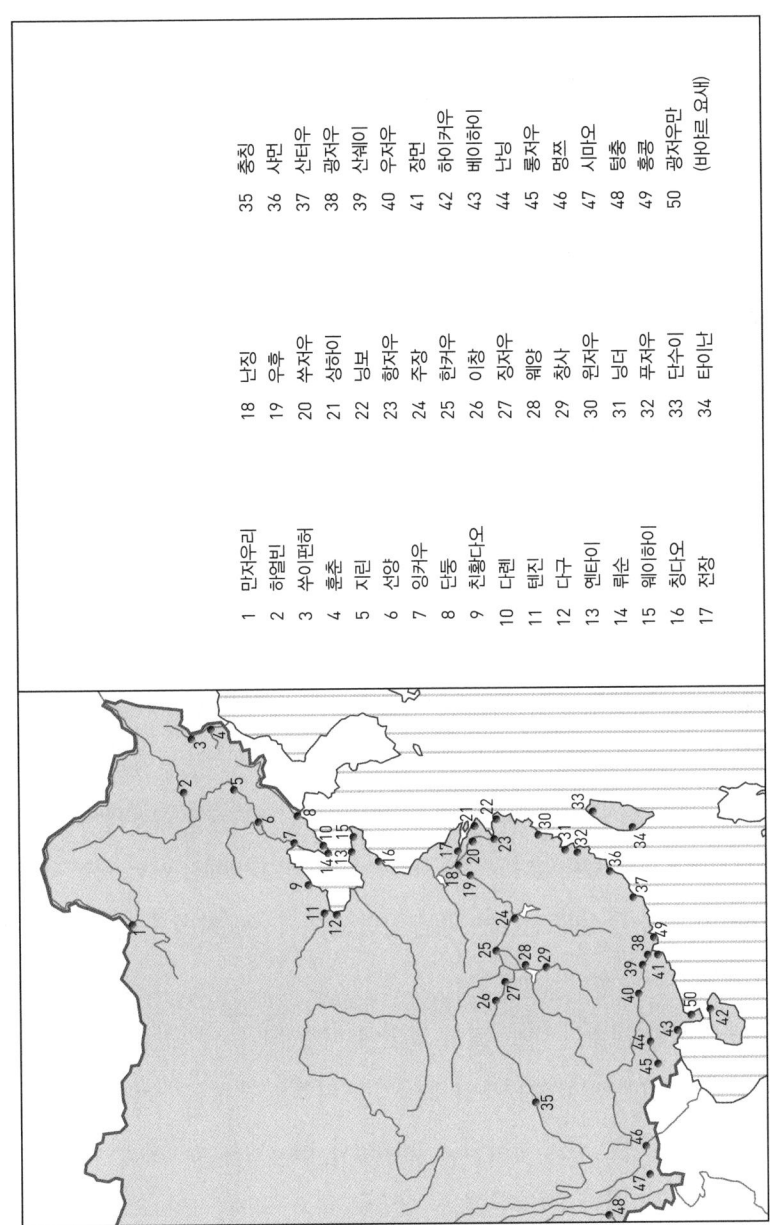

1 만자우리	18 난징	35 충칭
2 하얼빈	19 우후	36 샤먼
3 쑤이펀허	20 쑤자우	37 산타우
4 훈춘	21 상하이	38 광자우
5 지린	22 닝보	39 산웨이
6 선양	23 항자우	40 우자우
7 잉커우	24 주장	41 장먼
8 단둥	25 한커우	42 하이커우
9 친황다오	26 이창	43 베이하이
10 다롄	27 장자우	44 난닝
11 톈진	28 웨양	45 룽자우
12 다구	29 창사	46 멍쯔
13 옌타이	30 완자우	47 시마오
14 뤼순	31 낭더	48 텅충
15 웨이하이	32 무자우	49 홍콩
16 칭다오	33 단수이	50 광자우만
17 전장	34 타이난	(바이른 요새)

개항장

태평천국의 난

서양인들은 또다시 중국의 내정에 간섭했는데, 이번에는 순전히 상업적인 이유 때문이었다. 반도들이 제국의 중심부에서 요구했던 영토에서 그 이름을 딴 태평천국의 난은 13개 지방에 큰 피해를 주고 600개 도시를 파괴했는데, 일부 도시는 양쯔강 계곡에 있어서 새로운 조약으로 중국 내륙에서 허가받은 서양인의 상업 활동에 큰 장애가 되었다. 태평천국의 정책은 소유제 폐지, 토지 재분배 등 혁신적인 사고를 많이 포함하고 있었다. 서양의 근대성에도 관심을 표명했는데, 천명(天命)이라는 전통 관념의 폐기를 옹호했기 때문이다. 또한 전통 가족제도에도 적대적이었다. 난은 1851년에 시작해 10여 년이 지난 후 반란군은 기진맥진해졌고 운동은 숨을 거두었다. 어찌 됐든 피해는 엄청나서 누적 사망자 수가 2000만 명이 넘었을 것이다. 중국 제국은 반도들과 싸우느라 황폐해졌다. 제국은 상비군을 징집해야 했는데, 그 부담을 감당하기가 어려웠기 때문이다. 여기에 이중의 고통이 더해졌으니, 반란을 일으킨 지방이 세금을 내지 않아 세수가 부족한 고통과 황폐로 인한 비용의 고통이었다. 일부 관리는 자신의 지방에서 세금으로 거두어들인 은을 황실에 전하는 대신 인력 충원에 사용하면서 태평천국에 맞섰다.

불안정한 지역이 너무 넓어 교역에 해가 되자 서양인들은 왕당파 편으로 개입했고, 1861년부터 불안정한 지역을 잠재우기 시작했다. 서양인들은 태평천국이 상하이를 1860년과 1862년에 공격했을 때 분쟁에 끌려들어 갔다. 서양인들은 '상승군'(항상 승리하는 군대)으로 불리는 의용대와 함께 싸웠는데, 이 부대는 미국인 워드(Ward)가 모집했다가 이후 여러 출신의 부대들과 결합했다. 워드의 부대, 중국인 부대, 정박지에 들어온 프랑스와 영국 전함들에서 상륙한 부대, 심지어 중국 해적도 있었다. 시간이 흐르면서 연속해서 가해진 타격은 태평천국에 치명적이었고, 운동의 지도자 홍수전은 1864년 6월 30일 자살로 생을 마감했다.

7월 19일 태평천국이 점령했던 난징을 수복했는데, 태평천국의 수비대는 한 명도 항복하지 않았고 전원 학살당했다. 또 다른 집단들은 광둥성의 산악 지대로 피신해 '흑기군(黑旗軍)' 일당을 형성했다가 일부는 훗날 통킹(현재 베트남 북부 지역—옮긴이)에서 발견되었다. 양쯔강 유역은 마침내 다시 교역 활동에 개방되었다.

간과한 바다

오랫동안 중국은 아주 참혹한 수많은 반란에 대처하기 위해 최고의 육군을 우선시하지 않으면 안 되었다. 또한 바로 이웃한 나라들과도 싸워야 했는데, 중국은 그들 대부분에 전통적으로 적대감을 품었다. 아편전쟁 전에 중국의 엄청난 부는 많은 부분 비교적 건조한 농지로 이루어진 북부와 논으로 이루어진 남부(벼는 중국에서 양쯔강 이남에서만 자란다) 사이의 교역에서 발생했다. 7세기에 건설된 대운하는 황허강과 양쯔강을 연결했고, 상하이 남쪽의 항저우에서 베이징 바로 근처의 통저우까지 연장되었다. 중국 내륙에 물을 대는 큰 강들을 연결하는 이 수로는 영국 역사학자 존 키이(John Keay)에 따르면 "북아메리카에서 최초의 대륙 횡단 철도 건설에 비견할 만한 효과"가 있었을 것이다.[6] 황해의 해안선과 평행으로 달리는 이 운하의 방향은 해안에 창궐하는 수많은 해적으로부터 안전할 수 있었다.[7]

따라서 교역의 많은 부분은 육군의 보호에 의존했다. 중국의 매우 긴 국경 수비도, 반란이 드물지 않은 제국의 오지를 통제하는 일도 육군 몫이었다. 태평천국의 난 같은 민란은 관련 지방의 재정 수입을 제국의 금고에서 앗아갔다. 이런 수입 감소는 반란군 점령지의 수복과 진압을 담당하는 군대의 지출 증가로 더 악화되었다. 자금 부족으로 제국의 군사 기구들은 완전한 쇠퇴기에 접어들었다. 1780년에서 1790년까지 민중적이고 구세주의적인 불교 종파 백련교는 정부의 탄압 대상이 되자 반란을 일으켰고 이를 진압하느라 제국의 재정은 고갈되었다.

그러자 방위의 사유화와 사회의 군사화 과정이 촉발했고, 이는 19세기 후반기에 일어난 대규모 반란에서 왕조를 구했다. 그러나 재정 문제는 정부 내에서 판을 친 족벌주의와 후견주의, 부패로 악화되었다. 그 주된 원인은 인구 급증에도 늘지 않은 자릿수를 두고 벌인 사대부층 내부의 극단적인 경쟁이었다. 그에 대한 반작용으로 개혁 운동이 발전해 전통적인 제도를 새로운 환경에 적응시킬 필요성을 절감한 사상가들이 결집했다. 그들은 '온고지신(溫故知新)'을 바랐다. 여러 관리의 조언자이던 위원(1794~1857)은 대내외 문제가 새로운 사안임을 고려해야 하고, 제국 경영이 효율성을 되찾아 부국을 이루며, 중국의 무장을 강화하기 위해 외국을 본받아야 한다고 판단했다. 그는 매우 중요한 지정학 저서 세 권을 썼는데, 그 가운데 특히 《해국도지(海國圖志)》는 외국 자료를 수집해서 번역한 것이다. 크리스틴 코르네(Christine Cornet)는 그의 저서가 해양 세계와 해양 세력에 대한, 그리고 중국의 해안과 지방 방어에 대한 완벽한 보고서라는 점에서 독창적이라고 본다.[8]

위원이 해양 문제에 관심을 가진 것은 아편 위기가 대두한 1830년부터다. 그는 임칙서의 조언자였는데, 임칙서는 개혁적인 고위 관리로 1838년에서 1841년까지 광둥에 부임해 아편 밀무역을 응징했다. 그의 시도는 유럽인들의 우월한 해군에 막혀 실패했다. 임칙서는 경험을 바탕으로 제대로 된 분석을 시행해 장기간에 걸친 교훈을 얻었다. 이는 현재의 중국 지도자들이 중요한 문제에 직면했을 때 자주 실천하는 과정과 유사하다. 그는 서양의 기술과 관습에 대한 정보를 얻으려고 외국 출처의 전문 자료를 수집했고 번역 부서를 설치했다. 그리고 자신이 주도한 연구를 바탕으로 네 권의 저서를 간행했다. 그는 위원과 함께 중국의 군대와 해군을 근대화하기 위해 해양 방위 개선과 서양 기술 채택을 옹호했다. 위원은 이 정보를 바탕으로 자신의 주요 저서를 1843년과 1847년, 1852년에 매번 더욱 확충해서 펴냈다.

전통문화에 충실한 사대부인 위원은 손자의 병법을 바다에 적용했다. 그는 바다에서의 작전보다는 항구 방어를 우선시할 것을, 더 나아가 적을 강으로 끌어들여 함정에 빠트릴 것을 권장했는데, 이는 1926년에 영국 콕체이퍼(Cockchafer)호에 맞서, 그리고 1949년에 영국 에임시스트(Amethyst)호에 맞서 적용한 전투 방식이었다. 해안을 방어하는 해군의 역할에 대한 그의 구상은 공세적이기보다는 적의 공격을 기다리는 것이었다. 또한 손자의 권고에 따라 그는 오랑캐를 가능하면 서로 적대하도록 하는 간접적인 전략을 우선시했다. 이런 식으로 당시

'바다를 지배'하던 영국에 맞서고자 마지막 책에서는 프랑스·러시아·미국과의 연합을 권장했다. 그의 사상은 훨씬 후에야 인정받았고, 전함을 확보하라는 그의 요구는 거의 총체적인 무관심에 부딪혔다.

당시 상황에 적응하지 못한 중앙 권력은 외국에 대적할 수 있는 해군의 근대화를 구상할 능력이 없었다.

서양을 모방해 서양을 이기자

1860년대부터 풍계분(1809~1874)이 위원의 사상에 동조해 발전시킨 '자강운동'은 '중체서용(中體西用, 중국의 문화를 근본으로 삼고 서양의 문물을 실용적으로 사용하자)' 표어로 요약되는데, 양이(洋夷, 서양 오랑캐)의 우월한 기술을 배워 그들에 맞서 그 기술을 사용해 추세를 역전하고 그들을 지배하자고 권장했다.

이 사상은 베이징에서는 공친왕, 지방에서는 이홍장의 지지를 받았다. 1861년부터 1895년까지 외교와 군사의 근대화 프로젝트가 추진되었는데, 가장 중요한 개혁은 1861년의 총리아문(외교부)과 1862년의 통역 학교 설립이었다. 그 외에도 1865년 강남 병기창과 1866년 푸저우 해군 병기창, 1867년 난징 병기창, 그리고 1870년 기계제작소 건립, 1872년 미국 유학생 파견, 1872년 중국 증기선 회사 설립, 1872년 카이펑의 탄광 개소, 중국의 4대 근대 함대의 하나인 북양함대 창설이 있었다.

그렇지만 이 프로젝트들은 서양식 혁신 분야에서 미미한 부분에 지나지 않았고, 국가의 조직과 근대화에 대해서는 아무런 계획도 포함하지 못해, 기존 질서를 대체하는 것이 아니라 강화할 뿐이었다. 1884~

1885년 프랑스에, 1894~1895년 일본에 해전에서 대패한 것으로 그 한계를 여실히 보여주었다.

또 다른 운동인 '양무(서양식 관리)'는 자강운동과 같은 성격이었지만, 무기 생산, 선박 건조, 채광, 전신, 해상 운송 등의 영역과 관련되었다.

19세기 개혁가들의 연이은 실패

19세기에 반란이 증가하면서 수백만 명의 희생자가 나왔고, 이는 외국 침략자들로 인한 직접적 피해를 훨씬 능가했다. 분리주의 반란과 만주족이 지배하는 청 왕조에 대한 반란이 이에 결합되었다. 주요 분리주의 반란들은 서로 결합하기도 하고 잇따르기도 하면서 일어났다. 1855~1873년 허난성 남부와 구이저우성에서 발생한 먀오족의 반란, 1856~1873년 윈난성의 무슬림들인 판사이의 반란, 1862~1878년 몽골의 접경지인 신장과 서부의 세 성에서 일어난 무슬림의 대반란이 대표적이다.

만주족 황제에 대한 거부는 특히 1813년 비밀결사인 팔괘교의 봉기와 19세기 초 반청복명을 내세운 삼합회의 봉기에서 두드러졌다. 1854~1856년 광둥성에서 일어난 홍병의 난과 1851~1864년 산둥성 북부 염군의 난 또한 기존 질서의 거부에 해당했다. 그렇지만 앞에서 언급한 태평천국의 난이 내부 반란 가운데 가장 중요한 반란이었다.

이미 보았듯이, 청나라 정규군은 태평천국의 난 진압에서 형편없이 초라한 역할만 했다. 이는 부분적으로 정규군이 제대로 봉급을 받지 못한 사실로 설명되는데, 국가 재정이 부족했기 때문이다. 반도들을 진압한 것은 결국 지방군이었다. 그들은 현지에서 충원한 용병들로 구성되었으며 지휘와 훈련이 잘되었고 무장을 잘 갖추었으며 보수가 좋았다. 하급 관리나 더 높게 진출할 수 있는 길을 열어주는 지방의 학위 판매 제도로 지방군의 자금을 충당했고, 이는 용병들의 사기나 군기를 유지하는 데 기여했다.

조직된 지방군 가운데 두 번째로 큰 규모는 회군(淮軍)으로, 과거에서 최고 등급을 받은 인물인 이홍장(1823~1901)이 지휘했다. 근대화론자인 그는 지방에서 충원한 용병의 수장으로 첫 경력을 시작했고, 장쑤성 총독으로 부임하고 나서 강남을 정벌했다. 태평천국의 난을 진압한 후에 그는 염군과 싸워 1868년에 궤멸시켰다.

공동체들의 갈등 때문에 1856년에 일어난 무슬림의 반란 도중에 윈난성의 도시들이 점령되었고 학살이 자행되었다. 산시성과 간쑤성에서는 1873년에야 반란을 진압했는데, 이홍장은 당시 수도권을 관할하는 총독이었다.[9] 이 직책으로 그는 수도의 안전과 해안 보호를 책임졌는데, 1860년에 이 해안으로 영불 연합군이 상륙해 원명원을 약탈했었다. 이홍장은 자신이 대표하는 해양 방어 옹호자들과 러시아의 위협에 노출된 신장의 변경 지대 방어 지지자들 사이의 대논쟁에 참여했다. 그는 좌종당(1812~1885)과 대립했는데, 좌종당은 후난성 지방군 지휘관으로 1862년에 저장성을 탈환했다.

해양 방면으로는 1874년 일본의 타이완 공격으로 일본의 위협, 특히 해양으로의 위협도 고려해야 했다. 중국은 타이완을 방어할 능력이 없고 침략자를 물리칠 수 없어 배상금을 지불해야 했다.

따라서 문제는 무엇보다 예산이었지만, 국고로는 근대적 함대 구축과 제국의 서부 변경 지대의 고비용 육지 전투에 동시에 자금을 댈 수 없었다. 그리고 이때는 프랑스가 통킹에서부터, 영국이 자국 관할로 막 편입한 미얀마에서부터 잠식해 들어올 때였다. 이런 상황에서 무엇이 가장 시급한 문제인가? 해안 방어 아니면 변경 방어? 어디에 우선순위를 두어야 했을까? 이 딜레마는 국가 차원에서 대논쟁의 대상이 되었다.[10]

서양의 군사 원칙을 채택한 일본은 당시에 2척의 철갑선을 보유해 1척도 없는 중국보다 우위에 서 있었다. 1874년 12월 12일,[11] 이홍장은 장문의 보고서에서 중국은 이전에 알던 적들보다 더 강력한 적들이 있는 전혀 다른 세상에 직면했다고 기록했다. 그는 최우선 적은 가까운 거리 때문에 일본이라고 보았다. 또한 일본이 단기간에 세력이 비등해질 수 있는 유일한 나라였다. 해양 방어 주창자(해방파)들은 다음과 같이 다섯 가지 주장을 내세웠다.

- 수도의 지리적 위치가 바다와 가까운 반면 서북 변경(신장)과는 아주 멀리 떨어져 있기에 서북 지방의 육지 변경 방어는 해양 방어보다 중요하지도 시급하지도 않다.
- 재정적인 제약이 있고 신장에서의 승리가 불확실하므로 이 지역 원정을 우선시하는 현재 정책을 재검토할 필요가 있다.
- 신장은 광활한 불모지여서 중국에 이로운 점이 별로 없고, 그곳을 보존하려고 자금을 지출할 만한 가치가 없다.
- 신장의 이웃들은 강력한 국가들이다. 방어가 어렵기 때문에 어떤 식으로든 그 지역은 중국 땅으로 오랫동안 남아 있지 않을 것이다.
- 신장을 다시 중국 세력권 안에 포함하는 것은 실책이 아니겠지만, 군대

를 철수한다고 이 영토를 포기한다는 의미가 아니라, 미래를 위해 중국의 힘을 비축하는 현명한 결정일 뿐이다.

1875년 군사 원정을 책임지게 될 좌종당이 이끄는 반대파도 마찬가지로 다섯 가지 주장을 제시했다.

- 신장은 서북 지방 방어의 최전선이다. 그곳은 몽골을 보호하고 몽골은 또 베이징을 보호한다. 중국이 신장을 잃어버리면 몽골을 방어할 수 없고, 베이징이 위험에 처할 것이다.
- 서양 세력은 주로 교역에 관심이 있어서 당장에는 서양 세력의 (바다로부터의) 침략 위험이 존재하지 않는다.
- 변경 방어에 할애된 자금을 이미 적절한 예산을 보유한 해안 방어로 돌려서는 안 된다. 변경 방어에 할당된 자원은 이미 충분하지 않아서 조금이라도 이전할 수 없다.
- 과거 황제들이 정복한 영토를 무분별하게 포기해서는 안 된다.
- 우루무치와 아크수 같은 전략 거점들을 다시 정복해야 한다.

당시 분위기를 고려해보면 변경 방어파(세방파)가 논쟁에서 최종 승리한 것은 당연했다. 게다가 은 200만 량을 추가로 해군 예산에서 공제해 해군 상황은 한층 더 악화되었다. 그럼에도 이홍장은 자체 생산과 해외 구매, 외국 선박과 장비의 역공학(逆工學: 최종 제품을 분해해서 제품의 구조와 기능을 파악하는 기술—옮긴이)을 조합해 해안 방어를 지향하는 새로운 해군을 구축해냈다.[12] 그렇지만 이런 계획을 실현하기 어렵게 하는 비효율적이고 아주 부패한 행정 때문에 해군은 어려움을 겪었다.

다른 선택을 했더라면 결과가 어땠을지 알기란 물론 불가능하다. 주로 육지 방면에서 러시아의 위협이 중대했다는 것이 맞다 하더라도 중국 해군이 1884~1885년 프랑스에, 1894~1895년 일본에 당한 패배는 특히 가혹하고 중대한 지정학적 결과를 낳았다.

중국 해군 조직의 결함

전함의 기술 측면은 물론 항해술과 추진, 통신, 전략 등 운영 측면에서 전함에 대한 자강운동의 강조는 현실적이었지만 충분하지는 않았다. 범선에서 증기선으로 넘어가는 이 과도기에 강대국들의 해군 선박은 기술의 결정체였고, 이 기술력으로 서양 함대가 가진 압도적인 우위는 중국이 겪은 굴욕적인 패배로 충분히 입증되었다.

해군의 효율성은 무엇보다 조직과 문화에 기초한다. 그런데 자강운동의 구호가 중체서용이란 점에서 알 수 있듯이 조직과 문화를 바꾸는 것은 어림없는 일이었다. 실제로는 주로 외국에서 만들어진 기술을 도입하고 서양 해군 장교들을 충원하는 것이 다였다. 그래도 증기선을 건조하기 위해 상하이에 병기창이 설치되었다. 이처럼 해군 분야를 근본적으로 개혁하기에는 미온적이었지만 중국은 어쨌든 1884년에 근대적인 해군을 갖출 수 있었다. 이렇게 해서 중국 해군은 서로 완전히 독립적인 4개 함대로 구성되었다. 물론 이홍장 자신이 조직한 북양함대가 가장 근대적이고 강력했다. 북양함대는 프랑스와의 전쟁에 가담하기에는 너무 늦었지만, 독일에서 구입한 7500톤 배수량의 철갑선 2척을 1885년에 인수했고, 또한 영국에서 온 순양함들도 있었다.

남양함대는 주로 상하이와 광둥 부근에 기지를 두었다. 복건함대는 요새화된 푸저우 항구에 기지를 두고 프랑스가 건설한 선박 수리 시설과 함께 조선소도 갖추었다. 광둥함대가 가장 약한 함대였고 주로 소형 배들로 구성되었다. 광둥함대는 미미한 군사적 능력으로 인해 프랑스와의 분쟁에 참여할 수 없었을 것이다. 그렇지만 진정한 이유는 중앙 사령부가 없었기 때문이다. 이로 인해 연계 작전을 수행할 수 없었고, 적군에 맞서 군사력을 집중할 수 없었다. 마지막으로 인력 양성과 훈련이 초라한 수준이었다. 이는 장교들과 관련해 특히 그랬는데, 장교 충원이 주로 정실주의에 기초해 이루어졌기 때문이다. 부패가 만연해 있었다. 많은 외국 장교들은 고문 자격으로 데려왔다.

절정기의 청나라 해군은 78척의 선박에 배수량이 총 8만 3900톤이었다. 새로운 선박의 해외 건조와 주문은 1888년에 거의 완전히 중지되었는데, 이는 한편으로는 청 황실에서 다른 분야에 지출한 비용이 증가했기 때문이고, 다른 한편으로는 프랑스와 전쟁을 치른 후 이제는 프랑스 해군력을 두려워할 필요가 없다고 확신했기 때문이다. 일본은 아직 위협으로 여겨지지 않았다.

바다에 대한 황제들의 무관심은 중국의 진정한 통치자인 서태후가 이화원 재건을 선택함으로써 다시 한번 확인되었다. 1888년 서태후는 이화원을 재건축하고 확장하느라 원래 해군에 쓰일 막대한 금액을 유용했고, 이로 인해 외국에 주문한 전함 건조를 취소했다.

외세에 맞선 전쟁, 특히 해전 가운데 첫 번째는 현재 베트남의 일부인 안남(현재 베트남 중부 지역—옮긴이)의 종주권에 대한 분쟁 때문이었다. 이 분쟁에서 중국은 무릎을 꿇어야 했다. 10년 후, 일본은 처음에는 1894년에 황해 해전에서, 이어 1895년에 웨이하이 해군 기지를 점령하면서 중국 함대를 궤멸시켰다.

이 두 차례 충돌에서 중국은 근대적인 신식 해군을 보유하고 있어서 이론적으로는 적의 해군보다 더 강했다.

프랑스와 중국의 해전(1884~1885)

프랑스는, 중화제국의 속방으로 나중에 인도차이나로 불리게 될 지역과 아주 일찍부터 견고한 관계를 발전시켜왔다. 1624년부터 1645년까지 알렉상드르 드 로드(Alexandre de Rhodes) 신부는 코친차이나(현재 베트남 남부 지역—옮긴이)와 통킹에 기독교를 전파했다. 그는 자신에 앞선 종교인들의 업적을 이어받아서, 많은 부호를 첨가한 로마자로 베트남 말을 표기하는 꾸옥응으(Quốc Ngữ, 國語)를 체계화했다. 주요한 문화적 성취인 이 표기법은 현재도 쓰인다. 기독교 진출이 이처럼 오래되었지만, 인도차이나 반도에 정착한 기독교인들은 지역 군주들의 입맛에 따라 박해당하기 일쑤였다.

1777년, 후에의 왕 응우옌 아인은 떠이선 반군에 쫓기고 있었다. 그는 아드란(Adran) 주교 피뇨 드 베엔(Pigneau de Béhaine)의 지원을 받아 프랑스에 도움을 구했다. 그는 아들 까인을 공식 대표인 주교와 함께 프랑스에 파견했다. 루이 16세는 1787년에 동맹조약을 체결해 원정군을 인도에서 코친차이나로 파견하기로 결정했다. 프랑스 혁명 때문에 군대 파견은 실현되지 못했으나, 프랑스 지원병들이 실질적인 도움을 주었다. 1806년, 응우옌 아인은 통킹에 침입해 하노이를 점령한 후 자롱이라는 이름으로 황제(가륭제)에 즉위했다. 그가 죽은 후에 후계자들은 반기독교적이고 외국인을 배척하는 정책을 시행하면서 프랑스와의 동맹을 문제 삼았다. 1847년 4월 15일, 기독교 박해에 대한 대응으로 프랑스 함대가 투란(오늘날의 다낭)에서 코친차이나의 공격선 5척을 침몰시켰다. 이어서 1848년에서 1858년까지 뜨득 황제(사덕제)는 개종한 기독교도들과 선교사들을 무참히 박해했다. 그래서 프랑스와 에스파냐는 함께 기독교인들을 보호하기 위해 개입하기로 결정하고, 1858년에서 1862년까지 이를 실행했다. 톈진 조약 체결을 강요하기 위해 영국 해군과 함께 중국에 개입한 뒤 귀환하는 리고 드 주누이(Rigault de Genouilly) 제독이 지휘하는 프랑스 함대는 1858년 9월 1일부터 투란에 침입해 1859년 2월 17일 사이공을 함락했다. 1859년 2월 2일, 리고의 후임자 파주(Page) 제독은 사이공을 국제 무역항으로 개항했다. 1861년 2월, 프랑스의 중국 원정군이 베이징을 점령하고 2차 아편전쟁을 끝낸 후 사이공에 상륙했다. 1862년 6월 5일, 안남이 굴복했다. 안남은 코친차이나를 프랑스에 양도했고, 프랑스는 에스파냐와 함께 배상금을 받았다. 1863년 4월 5일에 조약이 비준되었고 1863년 8월 11일에 협정으로 캄보디아가 프랑스 보호령이 되었다.

이 지역의 종주권을 가지고 있지만 여러 반란으로 곤경에 처한 중국과 프랑스의 분쟁은 수위가 높아졌다. 1873년 10월, 코친차이나 총독 뒤프레(Dupré) 제독은 프랑시스 가르니에(Francis Garnier) 대위가 지휘하는 부대를 파견해, 송코이강을 통해 중국의 마가 군벌에게 무기 화물을 전달하다가 안남인들에게 저지당한 무역상 장 뒤퓌(Jean Dupuis)를 구하게 했다. 1873년 11월 5일, 그는 안남 당국의 저항에 부딪혔지만 1873년 11월 20일 하노이를 점령했다. 프랑스 정부는 프로

이센과의 1870년 전쟁 후에 극동에서 어떻게든 분쟁을 피하려고 했다. 그래서 1874년 3월 15일, 필라스트르(Pilastre) 대위는 안남과 사이공 조약을 맺어 안남 왕의 주권을 인정했다. 하지만 안남 왕은 프랑스의 의도에 맞춰 대외정책을 펴야 했다. 사실 코친차이나가 프랑스에 양도되었을 때, 홍강의 자유 운항권도 프랑스에 넘어갔다. 그런데 여전히 중국의 속방인 안남은 이 조약을 지키지 않았고, 중국은 프랑스가 무력으로 개입하지 않으리라는 점에 편승해 비정규군인 '흑기군'을 파견해 안남 군대를 강화했다.

결국 파리에서 의회가 대응하기로 결정한 것은 통킹의 지하자원 때문이었다. 리비에르(Rivière) 함장은 하노이 요새를 탈환하고, 프랑스와 중국이 통킹을 나눠 갖는 협상을 베이징에서 재개했다. 1883년 5월 19일, 리비에르 함장은 흑기군과의 전투에서 사망했다.

쥘 페리(Jules Ferry) 장관은 이런 일이 있기 전에는 육군과 해군의 소규모 파견을 지지했지만, 이제 중국과의 조정이 가능하지 않음을 깨달았다. 그래서 중국과 통킹에서 2개 전단으로 구성된 극동함대가 파견돼 흑기군과 중국 정규군 2만 5000명에 맞섰다. 쿠르베(Courbet) 제독이 지휘하는 극동함대는 소형 철갑선 2척, 순양함 1척, 포함 3척, 수송선 2척으로 구성되었다. 1883년 8월 18일, 극동함대는 후에의 수로를 방어하는 요새를 빼앗았다. 8월 25일, 후에 조약이 체결되어 안남은 중국을 포함한 외국 열강과의 관계를 프랑스에 위임했다. 통킹에서는 주둔군이 주요 도시를 점령하고, 판무관이 행정·경찰·재정을 감독하게 되었다. 1884년 5월 11일, 중국과의 조약이 톈진에서 체결되어 중국은 통킹에 주둔하는 부대를 즉시 철수하기로 약속했다. 같은 해

6월 6일, 안남에 내린 중국 황제의 인장이 파괴되면서 중국의 종주권은 종말을 고했다.

그렇지만 프랑스의 병력은 부족했고, 중국인들은 끊임없이 흘러들어와 중국은 모호성을 유지했다. 1884년 6월 25일, 350명의 프랑스군이 박레에서 중국 정규군과 충돌해 150명의 군인이 사망했다. 그래서 페리 내각은 교전에 필요한 예산을 의회로부터 얻어냈다. 8월 22일, 쿠르베는 중국 함대를 공격하라는 명령을 받았다. 23일에서 29일까지 쿠르베는 민강이 흐르는 푸저우에서 소형 철갑선 4척, 소형 연락선 2척, 포함 5척 중 3척, 수뢰를 장착한 증기선 7척, 전투 정크선 11척을 침몰시켜, 중국 함대를 완파했다. 보상을 원한 프랑스는 타이완 북부의 지룽을 채탄용으로 선택했다. 쿠르베 제독을 보좌하는 레스페(Lespès) 제독의 명령으로 지룽 요새를 파괴한 후, 8월 5일에 해병대가 상륙했다. 항구와 도시를 점령하고 나서 항구적으로 정착하기에는 병력이 충분하지 않아 포기해야만 했다(약 3만 6000제곱킬로미터의 섬에 1600명이라니!). 제독은 부대를 다시 배에 태워야 했고, 봉쇄를 펴 1884년 10월 1일까지 유지했다. 이날, 지룽에 부대를 상륙시키면서 여러 요새를 점령했다.

레스페 제독은 단수이에서 작전을 시도했다. 항구 입구에 설치된 중국의 기뢰 장벽을 통과할 수 없었던 프랑스 부대는 먼 거리에서 방어군을 폭격하고, 쿠르베 제독에게 요청한 증원군의 도착을 기다렸다. 1884년 10월 8일, 기존 전함에서 상륙한 해군은 보병 전술 훈련이 되어 있지 않았고, 해병은 숫자도 너무 적고 준비도 부족해 상륙은 성공적이지 못했다. 사망자 9명, 장교 4명을 포함한 부상자 40명, 실종자

8명―그들은 참수되었다―을 남기고 오후에 다시 배에 올라야 했다. 그렇지만 평화조약 체결 때까지 항구 앞을 빈틈없이 봉쇄했다.

지룽 전투에 참전한 병사들은 몬순 기후에 시달렸고, 콜레라와 장티푸스, 그리고 의사들이 '나무 열병'이라고 부른 알 수 없는 질병의 초기 증상을 겪기 시작했다. 결원을 보충하기 위한 증원군이 알제리에서 출발해 1885년 1월 6일 지룽에 도착했다. 한 달 후, 상당한 규모의 중국 해군(독일에게서 구입한 새 순양함 3척, 프리깃 1척, 호위함 1척)이 푸저우로 향했다. 쿠르베 제독은 그 함대를 중간에서 저지하려고 했지만 공격할 수는 없었다. 그의 전함들은 수리도 받지 못하고 여러 달 동안 바다에 있었던 터라 속도가 너무 느렸기 때문이다. 프리깃과 호위함은 저장성의 시푸에 피신해 있었는데, 1885년 2월 14일 프랑스산 모터를 달고 '어뢰'를 장착한 소형 선박 2척이 어려운 상황에서도 야간에 이 배들을 침몰시켰다. 그러는 동안 이 분쟁에서 일시적으로 중국의 동맹국이 된 영국은 증기선들을 파견해 중국의 증원군이 타이완으로 갈 수 있게 해주었다. 이렇게 해서 1884년 9월에 5000명이던 중국의 병력은 1885년 1월에 2만 명이 되었다. 쿠르베가 프랑스 정부에 제안한 것처럼 해군 기지 설치에 유리한 펑후 제도를 1885년 3월 30일에 프랑스가 점령했지만, 사건의 전개는 그곳에 자리를 잡게 두지 않았다.

4월 2일, 파리에서 온 전갈은 제독에게 '통킹의 아주 나쁜 소식'을 알렸는데, 프랑스군이 랑송에서 철수해야 했고, 드 네그리에(de Négrier) 장군이 중상을 입었다는 것이다. 프랑스 정부는 타이완에서 철수하고 500명의 병력으로 펑후 제도를 점령하라고 명령했다. 프랑스 정부는 제독에게 페리 내각의 붕괴, 중국과의 휴전 및 예비 평화조약 체결을 알렸다. 13일, 중국 황제는 칙령으로 톈진 조약을 비준하고 중국군에게 통킹에서 철수하라고 엄명을 내렸다. 4월 15일에 전투를 종결했고, 6월 9일에 최종적인 평화조약을 체결했다.

어떤 중국 함대도 타이완에 있던 군을 지원하기 위해 개입하지 않았다. 중국 함대는 결집하려고 하지 않았는데, 그랬더라면 무시하지 못할 수적 우위를 점했을 것이다. 중국은 수적 우세와 전투함들의 장점에도 불구하고 바다에서 조그마한 승리도 거두지 못했고, 작전상 아주 열등한 모습을 여전히 드러냈다.

반대로 프랑스 해군은 사소한 손실도 입지 않고 중국 전함들에 맞서 전투에서 승리를 거두었다. 프랑스 해군은 아주 효율적인 봉쇄 작전을 구사하면서 상륙 작전에 대비해 중국 요새들에 파괴력이 큰 정밀 포격을 가했다. 그렇지만 육상 전투를 위해 해병을 단독으로 또는 너무 적은 수의 육군 부대와 함께 운용한 것은 한계를 드러냈다.

쿠르베 제독은 펑후 제도의 마궁에 정박 중인 장갑 순양함 바야르(Bayard)호에서 1885년 6월 11일 사망했다.

청일전쟁(1894~1895)

조선의 지배를 두고 중국과 일본이 대립한 이 분쟁은 1894년 7월 25일에서 1895년 4월 17일까지 전개되었다. 1894년에 조선 왕은 농민 반란을 평정하기 위해 중국에 도움을 청했다. 일본도 똑같이 개입하려고 이 구실을 이용했다. 많은 전투가 육상에서 벌어졌지만, 결정적인 것은 해전이었다. 일본인이 당시 가장 앞선 기술을 숙달해 자기 것으로 만드는 방식은 서양 세계를 깜짝 놀라게 했다. 이는 1904~1905년에 다시 한번 그랬는데, 그때 서양 세력인 러시아도 이 일본에 압도당했다. 미국 페리(Perry) 제독이 이끈 '흑선'이 1853년과 1854년 두 번의 원정으로 일본의 문호를 국제 관계에 개방한 지 불과 50년밖에 안 된 때였다.[13]

중국의 최강 함대인 북양함대는 철갑선 2척, 순양함 10척, 어뢰정 2척을 갖추었지만, 중국과 조선의 경계인 압록강 하구에서 1894년 9월 17일에 벌어진 해전에서 일본에 패했다. 독일에서 건조한 철갑선 2척을 제외하고 중국의 모든 함선이 침몰했다. 철갑선들은 강력하게 요새화된 해군 병기창이 있는 산둥의 웨이하이로 퇴각해야 했다. 그러나 1895년 1월, 일본은 부대를 상륙시켜 육지로 요새를 우회해 항구를 보호하는 중국 포대를 탈취했다. 이는 중국 대포들이 바다로만 포격할 수 있었기 때문에 가능했다. 북양함대에 남아 있는 전함들로서는 상황이 절망적이어서 전함 6척이 파괴되었고, 7척은 일본에 나포되었다.

1870년부터 중국 북부를 담당하는 직례 총독이 된 이홍장은 프랑스와 전쟁을 치르는 동안 전투에 투입하지 않은 함대들을 개선하는 정책을 추구했다. 1888년이 되면 그의 노력은 적어도 서류상으로는 결실을 거두어, 그는 해군 중앙 관리국, 효율적인 공통 훈련 프로그램, 표준화된 규칙을 만들었다. 이런 진전에도 불구하고 그는 중국 해군을 전국적인 차원에서 긴밀하게 결합된 전투력을 갖춘 군대로 만드는 데는 성공하지 못했다. 북양함대에 복무하면서 압록강과 웨이하이에서 전투에 참전한 타일러(W. F. Tyler)에 따르면, "직례 총독의 도박은 허풍에 불과했지 진정한 방어가 아니었다. 그의 부대와 해군은 동양의 중세 시대에 병사들이 적을 겁주기 위해 썼던 무서운 가면과 같았다. 전투를 해야 한다면 행운이 별로 따르지 않을 것이라고 그는 알고 있었다. 그러나 그는 허풍을 너무 멀리까지 밀어붙여서 되돌릴 수 없었고, 서태후도 계속하도록 그를 밀어붙였는데, 아마도 그의 의향과는 달랐을 것이다."[14]

일본과의 전쟁으로 중국 정부 내에 존재하는 높은 부패 수준도 드러났다. 황실은 북양함대의 근대적인 함선에 대대적으로 투자했고 사령부의 고문으로 외국 해군 장교들이 있었지만, 청나라의 제도적인 취약성 때문에 해군력이 효율적으로 발전할 수 없었다.

많은 경우 외국에서 구입한 함선들로 구성된 함대의 연이은 패배는 열등한 전술, 부적절한 지휘 체계, 훈련 부족, 비효율적인 병참의 결과였다. 중국군이 보유한 탄환 일부는 사용할 수 없었다. 일본군은 중국군의 포탄이 폭약 대신에 시멘트로 채워져 있다는 것을 발견하고 크게 안도했다. 도자기로 채워진 탄환이 있는가 하면, 구경이 맞지 않는 탄환도 있어서 발사가 불가능하다고 보고서들은 지적했다. 역사학자 사라 페인(Sarah C. M. Paine)에 따르면 이 관측들은 한창 전투 와중에 작성된 것들이었다.

해군은 돈으로 충분하지 않으며 즉흥적으로 만들어지지 않는다. 오랜 숙성 과정, 경험의 중시, 그리고 집중적인 바다 훈련의 결과물이다.

청일전쟁을 종결짓는 시모노세키 조약으로 중국은 타이완과 펑후 제도, 그리고 뤼순과 함께 랴오둥 반도를 잃었고(랴오둥 반도는 러시아·프랑스·독일의 삼국간섭으로 할양이 취소되었다—옮긴이), 조선의 (잠정적인) 독립도 승인했다. 또한 이 조약으로 이홍장이 도모한 육군과 해군의 '군사적 자강' 정책도 아이러니하게 전반적인 실패를 고했다.[15] 역설적이게도 일본이 최우선적인 적이라고 지목한 그가 옳았다는 것도 이 분쟁으로 확실해졌다.

이 전쟁 패배로 중국은 또한 아이러니하게도 원래 최우선적인 적으로 지목했던 러시아에 접근하게 되었다. 1896년 5월 22일, 일본의 만주 침략에 맞서 청러 비밀 동맹조약을 체결해 시베리아 횡단철도 건설을 허용했다. 이어서 1898년 3월 27일, 만주의 다롄항과 뤼순항이 러시아에 할양되었다. 이 새로운 동맹국 선택은 별로 현명하지 못했다는 것이 이후에 밝혀졌다. 이 새 동맹국은 1904~1905년 일본에 완패했기 때문이다. 1904년의 뤼순 해전 후에 치른 1905년 5월 27일의 쓰시마 해전은 러시아에 특히 굴욕적이었고, 전 세계에 청천벽력과 같은 반향을 불러일으켰다. 아시아인들이 서양을 침략한다는 환상에 빠진 악몽인 '황화론(黃禍論)' 신화가 탄생했다. 이 신화는 같은 해 핼포드 매킨더(Halford J. Mackinder)가 그 유명한 〈역사의 지리적 주축(The Geographical Pivot of History)〉[16]이라는 논문에서 강조했고, 당리(Danrit) 대위라는 필명으로 드리앙(Driant) 대령이 《황색 침공(L'Invasion jaune)》(1909)이라는 제목으로 소설화했는데, 여기서 드리앙은 유럽에 승리하는 중국과 일본의 동맹을 등장시켰다.

일본에 당한 패배는 '자강' 정책에 반대하는 중국 전통주의자들의 외국인 혐오와 분개에 불을 지폈고, 1899년 11월에서 1901년 9월까지 지속된 '의화단 운동'으로 이어졌다. 이 운동은 처음에 개혁과 서양인, 그리고 청 황실의 봉건적 권력에 반대했으나, 서태후가 마키아벨리적 수법으로 화살을 '양이(서양 오랑캐)'와 기독교인들로 돌리면서 1900년 6월 20일부터 베이징 주재 외국 공사관들 포위 공격에 나섰다. 국제

연합군이 해로로 도착한 부대들과 함께 톈진에서부터 전투를 치르며 구하러 올 때까지 이 포위는 55일 동안 지속되었다. 수만 명의 중국인 기독교인들이 끔찍한 상황에서 살해되었고, 아주 가혹한 탄압이 뒤를 이었는데, 자신의 권좌를 지키려는 서태후의 명령으로 황실 군대가 이에 가담했다. 외국의 개입으로 공사관들은 포위에서 풀려났고 서태후는 시안으로 도피해야 했다. 서태후는 권좌에 오른 지 47년 만에 자금성에서 1908년 11월 15일에 사망했다.

의화단 운동의 소멸로 보수주의에 대한 근대주의의 승리가 확고해지면서 사람들 사이에서 공화정에 우호적인 성향이 강화되었다. 광둥 출신 의사인 쑨원이 민주주의를 표방하며 국민당을 창설하고 1911년 말에 권력을 잡아 최초의 '중화민국'을 수립하면서, 대대로 내려온 제정은 종말을 고했다. 중국은 2000년의 왕조 전통과 단절하고 새 시대로 들어가 이제 지정학의 판도를 다시 짜게 된다.

중국 공화국들의 지정학

1912년 1월 1일, 쑨원은 난징에서 중화민국을 선포했다. 그는 같은 해 〈삼민주의〉를 작성하면서 다음과 같이 썼다. "우리 영토의 규모 때문이든, 우리 국민의 규모 때문이든, 우리의 고유한 지성 때문이든, 우리는 서양을 능가한다. 우리 민족이 준비가 될 때, 중국이 강해질 때, 중국은 서양을 추월할 것이다. 우리 국민의 행복은 당연히 서양인들과 일본인들의 행복을 능가할 것이다. 우리나라가 지구상에서 가장 뛰어난 나라가 되도록 우리나라를 위해 싸우는 것, 그것이 진정한 용기이자 포부다. 오늘 여러분 모두가 이 목표를 달성할 힘을 찾게 되기를 나는 기대한다."[17] 그는 해양력을 자주 주제로 삼았지만, 자기 생각을 구체화할 수는 없었다. 조국의 힘이 해가 갈수록 약화되어서, 1913년 1월에는 달라이 라마가 티베트의 독립을 선언할 정도로 허약했기 때문이다. 설상가상으로 중국은 1917년에 연합국 측으로 참전했지만 아무런 소득도 없었다. 1919년 6월 28일, 베르사유 조약이 체결될 때 중국은 이 조약의 서명을 거부했는데, 산둥에 있던 독일의 권리들이 일본에 넘어갔기 때문이다. 이 조약에 반대해 1919년 '5.4운동'이 일어났다.

중국 공산당은 1921년 상하이의 프랑스 조계지에서 창설되었다. 쑨원은 1925년에 운명했고, 같은 해 장제스가 국민당 지도자가 되었다. 그는 중국의 중부를 공산주의자들과 함께 점령했지만, 곧 그들에 등을 돌렸다. 1927년에서 1937년까지 장제스는 난징에서 통치했다.

중화민국 시기에 중국은 내전으로 분열되어 정치 집단들은 서로 대립했고, 군벌들은 서로 싸웠다. 당시에 해군은 청나라에서 건진 전함들로 구성되었다. 진정한 해군을 재건하기 위한 어떤 노력도 기울이지 않았는데, 정치·경제 혼란으로 그런 노력을 할 수 없었다. 최악의 암흑기가 도래한 것은 군벌 할거 시대인 1920년대였다. 당시에 국가 차원의 해군은 없었고, 각 파벌이 보유한 함선 수는 파벌에 따라 너무 자주 변했기 때문에 함선의 정확한 목록을 작성하기는 불가능했다.

위협은 육지에서만 있었기에 어떤 해상 전략도 개발하지 않았다. 전함과 병참선은 우선적으로 포격과 부대의 신속한 수송을 위한 수단이다. 이 이동성이 사실상 부대의 군사력을 배가하는 역할을 한다. 강에서, 특히 양쯔강과 광둥 삼각주에서 전투가 전개되었다. 개항지, 특히 강 유역의 개항지와 그 접근로에 여전히 있던 외국 열강의 전함과도 전투가 일부 발생했다. 1926년에 영국의 포함 콕체이퍼호가 양쯔강에서 매복 공격을 시도한 한 군벌의 부대와 전투를 벌이는 일도 있었다.

프랑스에서 매년 발간하는 해군 연감 〈전투 함대(Flottes de combat)〉 1929년 판에서 편집자는 중국 해군과 관련해 머리말에서 다음과 같이 지적했다. "상하이나 푸저우 또는 일본에서 건조한 일부 포함과 독일에서 구입한 포함을 제외하면, 중국 해군은 1914년부터 새 함선을 보강하지 못했다. 국내 정치적 상황 때문에 현재 중국은 명확한 해군 프로그램을 수립할 수 없다……." 중국이 동청철도를 장악하면서 1929년 7월부터 11월까지 군벌 장쉐량은 소련과 갈등을 빚었는데, 소련의 군사 개입으로 이 위기는 신속하게 정리되어 장쉐량은 동청철도의 공동 관리 복원을 받아들여야 했다. 이 전투 중에 아무르강과 쑹화강의 소형 함대의 배 6척이 소련 비행기가 투하한 폭탄으로 침몰했다. 뱅상 브레시냐(Vincent Bréchignac) 함장은 〈전투 함대〉 1931년 판에서 중국 관련 장의 서문에 다음과 같이 썼다. "정확히 말하자면 중국 해군은 없다. 지방에 해상 조직들이 있어서 이론적으로는 같은 깃발 아래 명목상 해군성 관할하에 있지만, 실제로는 독립적이고 서로 적대적이며 정치적 상황에 따른다. ……1929년 10월에 난징 군대가 양쯔강에서 포함 3척을 침몰시켰고, 1929년 11월에는 아무르강의 소형 함대

배 6척이 침몰했다."

1931년, 마오쩌둥은 장시성에서 중화소비에트공화국을 선포했다. 마오쩌둥이 저우언라이와 함께 지휘하던 홍군은 국민당의 압박으로 포위될 위험에 처하자 중국의 서북 지방으로 탈출했다. 1934년 10월에서 1935년 10월까지의 '대장정'은 미래 중국의 많은 지도자를 양성하는 온상 역할을 했다. 그 가운데는 미래의 공산당 해군 사령관 류화칭도 있었는데, 그는 1982~1987년 중국 해군을 이끌고 난 후 '현대 해군의 아버지'라는 별명을 얻었다.

1937년에서 1945까지 지속된 중일전쟁(중국에서는 '항일전쟁'으로 불린다)으로 공산당과 국민당은 공동의 적에 맞서기 위해 뭉쳤다. 1945년 일본이 항복하자 두 진영 간 내전이 재발했다. 1943년에 연합국들이 '불평등 조약'[18]을 포기하면서 중국은 근대사와 단절했고, 굴욕의 세기인 암흑기는 종말을 고했다. 그렇지만 중국 공산당군이 대륙 전체의 통제권을 조금씩 차지할 때까지 외국 해군은 중국의 해상 접근로와 하천 연결망을 계속 장악했는데, 공산당군은 중국에 거주하는 외국인들이 중립적이라는 점을 염두에 두지 않았다.

한 국제적인 사건에서 이런 사실을 극적으로 확인할 수 있다. 1949년 4월에 영국 극동함대는 국민당 정부의 근거지인 난징의 양쯔강에 프리깃함 1척을 계속 정박시키고 있었다. 그 배의 임무는 영국 식민지에 보급을 조달하면서 영국의 영향력을 유지하고, 상황이 악화되면 현지의 영국인 공동체를 철수시키는 것이었다. 그즈음 160명의 승무원이 승선한 에임시스트호는 컨소트(Consort)호와 교대하러 양쯔강으로 가기로 되어 있었다. 배의 배수량은 1495톤이었다. 4월 19일, 배는 상하이에서 출항 준비를 마치고 양쯔강 어귀로 들어섰다. 배가 강을 거슬러 올라가자 배의 깃발을 무시하고 인민해방군의 대구경 포가 배를 향해 불을 뿜었다. 몇 초 만에 포탄 4개가 에임시스트호를 가격해 배의 핵심 부분 세 곳을 파괴했다. 항해가 불가능해진 배는 심각한 손실을 입고 좌초했다. 포격이 이어졌고, 사상자가 계속 나왔다.

이 공격은 상당한 규모로 확대된 국제적 사건의 시작이었다. 승무원들은 육체적으로나 정신적으로나 아주 힘든 상황에서 여러 달 고립되었다. 그들은 배에서 100일 이상 억류되었다가 배를 운항할 수 있는 상태로 은밀하게 수리해 포병들의 감시를 속이고 야간에 훌륭하게 탈출에 성공할 수 있었다. 인민해방군은 뒤늦게 포격을 가했다. 이 심각한 국제적 사건으로 수병이 아닌 보병으로 구성된 공산당 측에서 해양의 규칙과 관행을 이해하지 못했을 수도 있다는 것이 분명해졌다. 그렇지만 사건의 기간과 사건에 따른 수많은 외교 접촉을 고려해보면, 인민해방군의 행동은 서양의 해양 열강이 만든 해양 관습법의 규칙과 해양 관습에 대한 의도적 무시와 거부의 표현이었을 가능성이 매우 높다.

국공내전은 1946년부터 재개되어 장제스가 지휘하는 부패로 유명한 대규모 국민당군(200만 명)과 당시 공산당군의 지도자인 마오쩌둥 휘하에서 군기가 잡힌 30만 명이 대적했다. 공산당군의 승리가 이어졌고, 국민당군은 하극상과 자발적 또는 강요된 탈영의 영향으로 붕괴해갔다.

패주하는 국민당군 잔병들이 바다에 뜨는 모든 것에 올라타 접근할 수 있는 섬들로 건너갈 때까지 전투는 계속되었다. 그 가운데 가장 중요한 섬이 오늘날 타이완인 포르모사다.

공산당의 승리는 무엇보다 육지에서였고, 바다에서는 그 승리가 실패로 전환되었다. 이는 세력과 군사력을 투사하는 해군 작전으로 국민당을 결정적으로 분쇄해 승리를 완수할 수 없었기 때문이다.

'바다로 간' 마오쩌둥

1949년 10월 1일, 마오쩌둥이 톈안먼 광장에서 중화인민공화국의 수립을 의기양양하게 선언한 후, 이제 대륙 전체를 차지한 중국 공산당은 장제스의 국민당 수중에 남아 있는 섬들을 점령하기 위해 바다로 관심을 돌렸다. 중국 공산당은 1949년 10월 25일과 27일에 진먼섬에서 쓰라린 실패를 겪었다. 그때 단숨에 공격 부대를 수송할 만큼 충분한 항해 수단이 없어서 함대는 주로 징발한 어선들로 구성되었는데, 공격 부대는 국민당의 부대와 항공기, 전함의 포격으로 해변에서 분쇄되었다. 이 참담한 실패는 중국 내전의 전환점이자 또한 냉전의 전환점이었다. 마오쩌둥 정부를 승인하려고 준비하던 미국 정부는 이를 계기로 장제스를 지지했기 때문이다.

중국의 중앙 인민 정부 새 주석이 된 마오쩌둥은 이런 상황에서 해군의 결정적인 중요성을 인식하고 해군의 현대화와 관련해 정부 차원에서 그리고 개인적으로도 중요한 결정에 깊이 개입했다. 그는 과거 국민당 장교들을 포섭해 해군 재건에 나섰다. 끊임없이 이어진 승리 뒤에 찾아온 진먼섬 참사에 그는 충격을 받고, 참모들에게 실패에서 교훈을 얻으라고 했다. 그는 이 문제에 엄청나게 몰두해 하이난섬을 점령하는 계획에 전술 수준에까지 직접 개입했다. 이 작전으로 심각한 손실을 입었지만 1950년 4월 1일에 성공적으로 완수했고, 국민당군 9만 명을 포로로 잡았다.

장거리 해양 수단이 없어서 대륙에서 90해리, 즉 166킬로미터 떨어진 타이완을 침공하는 계획은 1949년 12월 17일에 무기한 연기되었고,[19] 인민해방군은 티베트를 재점령하고 이웃한 인도차이나와 한반도의 공산당을 지지하는 육지 전략을 우선순위에 두었다. 이 모든 일은 진정한 해군을 조직하며 이루어졌다.

공산당 해군의 조직

잔류 국민당군이 타이완으로 건너가자 작전 구역은 해양 영역으로 확장되었다. 그 결과 공산당군 지휘부는 육지에서 3년간 치열한 전투를 치른 후 마침내 해군을 재무장하고 재편성하는 결정을 내렸다. 〈1949년 현 상황과 당의 과제〉라는 제목으로 1949년 1월 8일에 발표한 결의에서 정치국은 1949년과 1950년에 강과 연안을 방어할 수 있는 해군과 공군을 보유해야 한다고 공포했다.

육군을 창설할 때처럼 해군을 무에서 창설한다는 것은 정말 무모한 일일 것이다. 전함 1척에는 항해부터 시작해 많은 보완 영역에서 각각의 기술력이 필요하다. 선박 1척에는 추진에서부터 무기와 통신 업무, 선박 조종까지 모든 영역에서 유능한 전문가가 있어야 한다. 그리고 이 모든 특기 수병은 단일 지휘하에 임무를 완수할 때까지 밤낮으로 끊임없이 협력할 줄 알아야 한다. 승무원 업무가 숙달되고 나면, 방공망에서부터 어뢰전과 부대 이동(상륙) 작전, 함대지 사격, 해상 전투까지 전투 영역에서 서로 중첩되고 서로 다른 역량을 가진 여러 전함이 협동 작전을 펼 수 있도록 배워야 한다. 이는 당시에 국민당군이 잠수함을 보유하지 않아서 그때까지 일어나지 않았던 대잠수함 전투는 언급하지 않은 것인데, 미국은 1973년에 처음으로 잠수함을 국민당군에 이전했다.

외국에 도움을 청하는 것은 그 결과가 처참했던 자강 시기의 경우처럼 이데올로기적 이유와 함께 문화 차이 때문에 어려웠을 것이다. 유일한 해결책이 제시되었다. 항복하거나 반란을 일으킨 국민당군 장교와 수병을 편입하는 것이었다. 자발적이든 강제로든, 즉 필요하다면 그들 주변 사람을 협박한다고 위협해서라도 그렇게 해야 했다. 1949년 2월, 황안호와 국민당군의 기함인 충칭호에서 공산당 선전의 영향으로 패배주의에 빠지거나 강요에 의해 반란이 일어났다. 마오쩌둥과 공산당군 사령관 주더는 그 수병들을 치하했다. 1949년 2월과 12월 사이에 열여섯번의 반란과 한 번의 투항으로 공산당군은 전함 16척과 그 배들에 승선한 3800명의 국민당 수병을 받아들일 수 있었다.

1년도 채 안 된 사이에 국민당 해군, 즉 중화민국 해군은 전함의 5분의 1과 병력의 10분의 1이 적에게 넘어가는 꼴을 지켜봐야 했다. 이데올로기라는 장벽이 없었다면 그야말로 전문 인력의 보고(寶庫)였을 것이다. 그것을 빼고 생각할 수 있었을까?

이런 공산당 해군을 조직하려면 우선 지휘관이 필요했다. 1949년 3월 25일, 장아이핑이 지휘관으로 임명되었다. 불과 15세에 혁명에 가담한 그는 홍군 창설에 참여했고, 마오쩌둥에 대한 충성의 증거인 대장정에도 참여했다. 1949년 3월 25일, 그는 자신이 배속된 제3야전군에 부임했다. 중앙군사위원회는 그곳에서 제3야전군의 다른 지휘관들과 함께 이 야전군 안에서 해군을 조직하는 임무를 그에게 맡겼다. 그는 해군 역량이 하나도 없었다.

1949년 4월 23일, '화동 해군'이 창설되었다. 1949년 7월, 화동 해군은 77척의 전함을 보유했는데, 그 가운데 27척의 상륙함과 구축함은 원래 국민당군 연안 방위 제2함대 소속이었다. 이는 국민당 해군의 4분의 1에 해당했다. 1949년 5월 4일, 중앙군사위원회는 장아이핑을 화동 해군의 사령관이자 정치위원으로 임명했다.

국민당군의 붕괴는 난징 부근의 양쯔강에서 작전을 펼치던 2함대가 반란을 일으킨 4월 25일에 가속화되었다. 전함 30척과 장교와 병사 1200명이 이데올로기를 따라서, 또는 반란군에 체포된 충성파들 경우에는 의사에 반해 국민당에 등을 돌렸다. 장아이핑으로서는 그들을 수용할 기회였다. 이를 위해서는 소형 함대 전 지휘관 린쭈 제독의 지지가 필요했지만, 그는 주저했다. 그렇지만 결국 지지를 얻어 그를 화동 해군의 부사령관으로 앉혔다. 장아이핑은 아주 능력 있는 고위 장교들을 규합할 줄 알았고, 모든 계급 단위에서 전문 인력의 조합을 훈련소에서는 물론 선상 부대에서도 똑같이 구현했다. 이를 위해서 수년간의 이데올로기 대립으로 생긴, 그리고 부르주아지 출신이기 십상인 국민당파와 혁명파인 농민들 사이의 사회적 환경 차이에서 생긴 자연스러운 불신을 끊어내야 했다. 모두가 바다라는 운명을 공유한다는 것을 이해시키면서 그는 결국 이를 해낼 수 있었다. 화동 해군은 1950년 5월에 공식 창설되는 인민해방군 해군의 용광로였다.

여전히 국민당 지배하에 있는 섬들을 되찾을 수 있는 완전히 운용

가능한 해군을 보유하는 일은 한국전쟁으로 인해 너무나 늦어졌다. 이제 그 섬들은 미국 해군의 보호를 받았다. 제2차 세계대전 후에 너무 급속하게 동원 해제되었던 미국 해군은 부대들을 즉시 재무장해 놀라운 속도로 한국전쟁에 참전했다. 한국전쟁은 북한군의 기습 공격으로 1950년 6월 25일에 시작되었다.

'불평등 조약'으로 입은 상처가 이제 덜 아프게 되었더라도 외국인들에 대한 불신은 여전했다. 그 불신은 지정학 분야에서 개혁적 사고의 도입에 걸림돌이었고, 이런 현상은 공산주의 이데올로기와 소련이 키운 포위 의식으로 더욱 악화되었다. 역사적으로 적이었던 러시아는 소련이라는 동맹으로 바뀌어 당장은 바다에서 오는 제국주의 침략으로부터 스스로를 지키는 것이 문제였다. 1950년 2월, 소련은 새로 탄생한 중국에 기술·재정 지원을 제공하기로 했다. 1950년 1월에는 상하이에 근거지를 둔 화동 야전군의 지휘하에 연안 방위군이 창설되었다. 병력은 45만 명이었다. 화동 해군은 그 일부가 되었다. 연안 방위군은 주로 귀순한 국민당군의 연안 방위 제2함대 부대들로 구성되었다.

화동 해군의 임무

이 새로운 '바다의 군대'에 부여된 임무는 "제국주의의 모든 침략에 맞서 중국의 독립과 영토 보존 및 주권을 보호하고 (······) 해방된 중국 주위의 해양 봉쇄를 분쇄하며, 중국 영토를 수호하기 위해 인민해방군의 육군과 공군을 지원하고, 남아 있는 반동 세력을 일소"하는 것이었다.[20]

1953년 12월, 마오쩌둥은 해군에 세 가지 최우선 임무를 하달했는데, 국민당 해군의 간섭을 제거해 중국의 해상 교역(특히 상하이와 양쯔강에서 오거나 그곳으로 가는 교역)에 항행의 자유를 확보할 것, 타이완 점령을 준비할 것, 그리고 바다로부터의 침략에 대비할 것이었다.

전술 차원에서는 해상 작전으로 중국 고유의 해전 양식이 탄생했다. 이 기간 동안에 국민당이나 남베트남에 대항해 전개한 바다에서의 모든 개입과 상륙 작전은 실질적으로는 속임수, 기습, 야간 전투, 근접전, 예방 타격 위주였다. 사실 중장비 수단이 없는 중국 공산당군은 아주 작지만 민첩한 선박들로 규모가 더 크고 현대적이며 무장도 더 잘된 적의 전함과 싸웠고 종종 성공적이기도 했다. 톤수와 화력에서 이런 격차를 해소하기 위해 중국 해군은 기습 공격 같은 게릴라 방식과 유사한, 약자가 강자에 맞서는 방식에 의존했다. 오브(Théophile Aube, 1826~1890: 해군 장관을 역임한 프랑스 제독—옮긴이) 제독의 '청년학파'(Jeune école, 같은 전략을 권장한 프랑스의 해군 사상)라면 이런 많은 작전 방식에서 자신들의 권장 사항을 알아볼 수 있었을 것이다. 소형 선박들을 무리 지어 사용하는 이런 전술은 21세기에도 여전히 실행된다.

더 나아가, 중국 해전의 주요 특징 중 하나는 (오늘날에도 여전한데) 어선과 민간 인력을 준군사력으로 집중 활용하는 것이다. 1949년 말과 1950년 초에 마오쩌둥의 인민전쟁 개념을 해전에 적용해 군사력을 배가하는 효과를 보았다. 우월한 적과 대결하는 난관에서 이런 비정규 수단은 성공의 담보물이라는 것이 입증되었다. 현재의 해상 압박 작전에서 매우 중요한 자리를 차지하는 중국의 해안 경비대와 해상 민병대는 중국의 해양력에서 비군사적 수단을 최근에 계승한 것일 뿐이다.

1952년에는 해상 전투와 대잠수함 전투의 방어 작전을 지원하기 위해 해군 항공단이 창설되었다. 이 항공단은 1952년에 80대, 1958년에 478대의 항공기를 보유했다. 1950년대에 해군은 북·동·남의 3개 함대로 조직되었다. 중국 해군은 여러 해전에서 승리를 거두어 국민당의 여러 섬을 차지했다(그 가운데 1955년 1월 19일에서 2월 26일까지 격렬한 전투를 치른 후에 국민당이 포기한 다천섬도 있다). 그렇지만 진먼섬, 마쭈 열도, 펑후 제도와 타이완, 둥사 군도, 난사 군도(스프래틀리 제도)의 타이핑섬은 예외였다.

1950년에서 1979년까지 해군을 지휘한 이는 육군의 정치위원이던 샤오진광이다. 작전 차원에서 보면, 그는 1950~1953년 한국전쟁 기간, 그리고 1950년과 1954~1955년, 1958년의 타이완 해협 위기(3장 참조) 때 임무를 수행했다. 그렇지만 그는 1962~1971년 린뱌오와 마오쩌둥의 아내인 장칭으로부터 심한 비판을 받았다. 하지만 그는 살아남았다.

실행 수단들

해군은 정해진 방어 작전 목표를 달성하기 위해 생산 비용이 적게 들고 활용하기 쉬운 해군 함대를 구비하려고 했다. 중국은 당시 소련이 공여한 3억 달러 차관의 반을 소련 선박 구입에 사용하기로 예정되어 있었다. 또한 영국에서 순양함 2척을 구입하려고 했지만, 이 계획은 1950년 6월 한국전쟁 발발로 취소되었다(아마 에임시스트호 위기 때 이미 중단 상태였을 것이다). 그래서 중국은 타이완 연안의 위협에 대응하는 전투를 효과적으로 수행할 수 있는 소형 선박들을 확보했다. 이어서 소련의 구식 잠수함 4척과 구축함(또는 호위함) 2척으로 기왕에 구매한 함선들을 보완했고, 여기에 국민당군에서 나포한 선박들을 추가했다.

전통적으로 고립주의를 채택해온 중국은 소련처럼 형 노릇하는 거추장스러운 동맹을 오랫동안 용인할 수 없었다. 외국에서 유래한 사상에는 늘 그래왔듯 중국은 소련 공산주의를 흡수해 원래 모델과는 양립할 수 없는 마오이즘으로 중국화했다. 1959년부터 소련과의 관계는 점차 악화되어 1963년에는 단절되기에 이르렀다. 그사이 1960년 8월에 소련 고문단은 이미 중국을 떠났다. 이제 소련이 된 러시아는 다시 최우선적인 적이 되었고, 가장 중요한 위협은 또다시 육지에서 비롯되었다.[21]

그렇지만 소련의 소중한 원조 덕분에 중국은 1964년에 원자폭탄을, 1967년에는 수소폭탄을 보유할 수 있었다. 핵 강대국이 된 중국은 이렇게 해서 마침내 대륙과 육지의 군사 강대국이라는 자신의 자리를 되찾았다. 1962년 인도에 대해 전광석화와 같은 작전으로 승리를 거두어 중국은 이를 증명했다.

1969년, 우수리강에서 벌어진 아주 심각한 충돌은 중국과 소련의 핵전쟁으로 비화할 뻔했다. 결국 휴전을 했지만, 어제의 동맹이 생존을 위협하는 적으로 탈바꿈했다. 국경 분쟁은 훨씬 후인 1991년에야 두 공산주의 강대국이 국경 획정에 합의해 해결되었다.

해양 작전: 시사 군도(파라셀 제도) 사례

국민당의 한 지리학자는 1947년에 지도를 작성하면서 중국 어부들이 태곳적부터 사용해왔기 때문에 중국에 법적으로 귀속된다며 남중국해의 가장 넓은 범위를 포괄하는 지역을 획정하는 9개 선을 그었다. 중국은 이런 이유로 이 구역에서 2개 군도에 대한 권리를 주장하는데, 이는 국민당과 더 일반적으로는 타이완의 주장을 자국 것으로 수용한 것이었다.

중국 연안, 즉 하이난섬에서 가장 가까운 군도는 시사 군도인데, 이 군도를 프랑스는 1933년 9월 23일에 안남 왕국의 이름으로 소유했다. 프랑스는 난사 군도 일부도 1925년 3월 8일에 소유했는데, 그때 인도차이나 총독은 해군성의 승인을 받아서 그 섬과 주변 작은 섬들이 베트남의 바리어붕따우성에 귀속된다고 선언했다. 1949년 3월 8일, 프랑스는 베트남의 단일성을 인정하면서 시사 군도와 꼰선섬이 베트남에 속한다고 재확인했다.

이 해양 분쟁은 프랑스에 이어 베트남과 법적 차원에서 여전히 상존한다. 그렇지만 시사 군도와 관련한 분쟁은 군사적 점령으로 사실상 해결된 셈인데, 이 해역에서 조업 중이던 중국 저인망어선 2척이 이 군도의 일부 섬에 중국 깃발을 게양한 1973년 10월에 인민해방군 해군이 강제로 이 섬들을 점령했다. 또한 중국은 이 군도의 한 섬인 던컨섬에 병참 거점을 설치했다. 그다음 달, 베트남 공화국 해군 전함들이 중국의 저인망어선들을 공격해 선원들을 체포했다. 어부들 간 충돌은 여러 주 동안 계속되었다.

1974년 1월 11일, 중국 외교부가 난사 군도와 시사 군도, 중사 환초에 대한 중국의 주권을 재확인했다. 중국과 베트남 양국은 전함들을 그 해역에 즉시 급파했고, 1월 19일과 20일에 해전이 발발했다. 20일,

중국은 베트남 해병이 점령한 섬들을 탈환하기로 결정했다. 수송선 3척으로 구성된 인민해방군 해군의 강습 함대는 프리깃 1척, 어뢰정 5척, 포함 8척의 호위를 받으며 3개 보병 중대 300명과 1개 무장 민병대 200명으로 된 500명을 상륙시켰다.

첫 수송선이 1월 20일 아침에 로버트섬에 상륙했다. 그 섬을 10분 만에 점령했고, 두 번째 수송선이 패틀섬을 공격해 소령 1명과 미군 연락장교 1명을 포함해 베트남군 30명을 포로로 잡았다.

이는 중국의 결정적인 승리여서, 베트남 측에서는 소해정 1척이 침몰했고 전함 3척이 파손되었으며, 병사 100여 명이 전사했고 48명이 포로가 되었고, 3개 섬을 점령당했다. 인민해방군 해군 측에서는 소해정 1척을 잃었고, 전사자 18명과 부상자 67명이 발생했다. 시사 군도 전체가 중국의 지배로 넘어가, 1975년 베트남이 통일된 후에도 공산 베트남에 반환되지 않았다. 이 분쟁은 1979년에 양국이 전쟁을 벌이는 이유 중 하나가 되었다.

전략 사상

1976년은 중요성이 다른 두 사건의 결합으로 중국에 전환점이 된 해였는데, 하나는 마오쩌둥의 사망이고, 다른 하나는 중국의 전략 사상에 심대한 영향을 주게 될 러시아 고르시코프(S. G. Gorshkov) 제독 저서의 출판이다. 영문판 제목이 《국가의 해양력(The Sea Power of the State)》인 이 저서는 중국과 같은 문제에 직면한 소련 해군 사령관이 저술했기에 그의 분석은 타당성을 가지게 되었다. 1960년대에 고르시코프는 러시아 해안에서 시작해 방사상으로 이어지는 방어선 구축에 착수했는데, 이는 사거리가 1500해리에 달해 북극해에서 발사하면 모스크바가 사거리 안에 들어오는 미국의 폴라리스 미사일로부터 러시아 수도를 보호하려는 것이었다. 그래서 적의 해군이 소련 연안에 접근하는 것을 더욱 어렵게 만들려 했다.[22]

중국은 남중국해에서 시작해 해상로 통제를 확장해야 해서 이제는 지정학적 섬이 아니었다. 중국 문화는 뼛속까지 육지 문화였지만, 마오쩌둥은 항구적인 해양 수단을 보유해야 할 필요성과 함께 그 복잡성을 재빠르게 이해했다. 전략적이고 역사적인 소양을 가진 그는 연안 방어를 위한 해군을 보유하기 위해 시급히 움직일 필요성을 깨달았다. 그렇지만 그런 소양으로는 난바다와 대양의 지정학적 중요성을 이해하기에는 충분하지 않았을 것이다. 마오쩌둥은 중국의 수장으로 있는 내내 외국의 영향에서 나라를 봉쇄하고, 권력을 유지하는 것을 목표로 삼았다. 그는 국경 안에 폐쇄되고 내부로만 파고드는 나라를 사회적 혼돈으로 통치하면서 그 목표를 달성했다. 그가 죽은 후에 중국은 고르시코프의 가르침을 받아들이고 적용해 먼바다까지 세력을 확장했다.

잠에서 깨어난 중국 경제

★

중국은 초강대국이 아니며 절대 그렇게 되려고 하지 않을 것이다.
-덩샤오핑 부총리의 유엔 연설(1974년 4월 10일)

도광양회(韜光養晦: 재주를 감추고 때를 기다려라). -덩샤오핑

중국의 놀라운 경제 성장

마오쩌둥은 1976년 9월 9일에 사망했다. 그와 함께 중국의 내정을 좌지우지했던 '사인방'이 10월 6일 체포되고 공직에서 사임했다. 그들은 마오쩌둥의 네 번째이자 마지막 부인으로 '홍태후'로 불린 장칭, 장춘차오와 야오원위안(이 둘은 중국 공산당 정치국 상무위원이었다), 그리고 중국 공산당 부주석 왕훙원이다.

마오쩌둥을 수식하는 '위대한 조타수'라는 호칭은 항해에서 따왔는데, 뼛속까지 육지 정신을 가진 교조적인 인물에 붙이기에는 역설적이다. 중국에서 그가 한 일은 조타수가 선상에서 하는 일과는 반대였다. 조타수의 전문성은 엄격함과 질서의 상징인데, 항해 지도와 기록

수정을 책임지는 조타수 일의 정확성은 안정된 항해에 필수적이기 때문이다.

마오쩌둥이 사망했을 때, 그가 사인방의 지지를 받아서, 심지어 그들이 부추겨 채택한 처참한 경제·정치 정책 때문에 국가 체계는 붕괴 일보 직전이었다. 하지만 25년에 걸쳐 성과는 개선되고 있었다. 1952년과 1978년 사이에 GDP는 3배 늘었다. 그러나 1인당 GDP는 아직 160달러에 불과했다(같은 해 프랑스의 1인당 GDP는 9300달러). 어쨌든 중국은 정치적·경제적 고립, 미국·소련과의 적대적 관계는 물론 한국·인도와의 전쟁에도 불구하고 발전에 성공했다. 전 세계 GDP에서 차지하는 비중은 상대적으로 감소하는 결과를 낳아, 그 비중은 1952년 5.2퍼센트에서 1978년 4.9퍼센트로 줄었다. 전 세계 GDP에서 중국의 비중은 미국(21.6퍼센트)의 4분의 1에 불과했다. 앤거스 매디슨(Angus Maddison)에 따르면, 전 세계 GDP의 32.9퍼센트[1]를 차지했던 1820년부터 중국은 한 세기 반 동안 거의 지속적으로 그 비중이 추락해왔다. 대규모 기아를 초래해 3000만~4000만 명의 사망자를 낳은 1958~1962년의 대약진운동을 비롯해 여러 경제 개혁으로 중국인들은 많은 고통을 받았다. 정확한 수치를 나열하기는 불가능하지만, 전체적으로 마오쩌둥은 5000만~7000만 중국인의 사망에 책임이 있을 것이다.

하지만 중국은 급속히 다시 일어섰는데, 이는 세계 무역에 문호를 개방해 해상 교역이 비약적으로 성장한 덕이 컸다. 중국은 새로운 지도자 덩샤오핑의 계몽적인 지도로 성장했는데, 그는 미국 해군 전략가인 앨프리드 세이어 머핸(Alfred Thayer Mahan) 제독의 의견에 공감했다. 머핸은 1911년에 "인류에게 바다의 중요한 가치는 바다가 여러 국민들 간에 가장 풍부한 통신과 교통 수단을 제공한다는 것"이라고 말했다.

실용적인 덩샤오핑은 "쥐를 잡기만 한다면 고양이가 검든 희든 색깔은 중요하지 않다"고 즐겨 말했다. 그래서 경제 성장을 회복하고 인민의 생활 수준을 개선하기 위해 중국 정부는 1978년 시장경제 원칙에 따라 나라를 점진적으로 개혁하고 무역과 투자를 서방에 개방하면서 소련식 관리 정책과 단절하기로 결정했다. 이를 달성하기 위해 머핸 제독의 사상에 동조해 중국이 지정학적 섬이라는 사실에서 탈피하면서 해양 강국의 길로 들어서려고 했다. 1890년 《해양력이 역사에 미치는 영향, 1660~1783(The Influence of Sea Power Upon History, 1660-1783)》을 쓸 때 머핸은 미국 해군 함장이었다. 이 책에서 그는 해양 강국은 하나의 단순한 관계를 중심으로 조직된다는 사고를 발전시켰다. 즉 무역은 부를 생산하고, 부는 해양 강국을 낳는다는 것이다. 그리고 무역을 보호할 수 있는 해군 강국은 다음 요소들에 달려 있다고 밝힌다.

- (해상로의 접근 등) 지리
- (항구 등) 자연 입지
- 영토의 크기
- 인구
- 국민성
- 정부의 성격

(현재의 시각으로 해석하고 읽는다는 전제하에) 이런 정의가 여전히 사실이

라 해도 이제는 낡았다. 리처드 하딩(Richard Harding)은 오늘날의 해양력을 다음 요소들의 결합으로 정의한다.

- 해군
- 해양 인구 및 사회와 정부
- (대륙 세력, 합동 작전 등) 여타 수단
- 과학기술
- 해양 지리
- 자원(예산)
- 해양 경제

아울러 해군의 기능은 나머지 여섯 가지 구성 요소들에 달려 있다.[2]

덩샤오핑은 산업혁명 이후 경제와 군사 강대국은 무엇보다 세계적인 해양 강국이었다는 점을 인정했다. 중국이 바다를 건너온 '오랑캐'들에 당한 굴욕의 세기 동안 바라마지 않았던 일등국의 자리를 되찾으려면, 세계의 대양에서 중국의 지리적 이점을 활용해 해양 발전을 우선시하는 지정학을 구사해야 할 필요가 있었다. 덩샤오핑은 차근차근 그렇게 하기로 결정했지만, 무역을 우선시해 여전히 가공할 만한 군사력을 가진 해양 강대국들을 중국의 압도적인 규모로 위협하지 않는 방식을 채택했다. 그는 중국에 필수적인 기술·재정 지원을 잃고 싶어 하지도 않았다. 또한 그는 강대국들이 힘의 원천인 기술적 우위를 잃어버릴 위험 없이 투자한 것보다 더 큰 경제적 이익을 얻게 되리라고 믿게 했다.

하지만 중국은 현재 여전히 중앙집중 경제에 머물러 있다. 중국은 세계에 개방한 후로 표면적으로는 자유주의가 심화되었지만, 자유주의의 모든 규칙을 준수하진 않는다. 이원화된 모든 영역에서, 즉 중국 공산당의 지시로 군부에도 이익이 될 수 있는 영역에서 중국은 군부에 유용할 수 있는 정보를 체계적으로 이전한다. 산업 비밀은 민주주의 국가들에서처럼 보호받지 못한다. 이에 더해 아주 광범위한 산업 스파이가 완벽하게 조직적인 수법으로 정보를 수집한다. 선진국 기업들은 이를 오랫동안 과소평가해왔다. 그들은 눈앞에 보이는 거대한 잠재 시장을 이용하려고 중국 진출에 목말라했기 때문이다.

정보를 획득하는 이 두 가지 보완적인 방식으로 중국 공산당은 첨단 해군 체계, 더 나아가 전반적인 군사 체계에서 연구개발과 혁신에 많은 시간을 벌었다. 그러면서도 기밀로 분류된 계획들의 실제 진전 상황을 밝힐 필요가 없었다. 이것이 덩샤오핑이 즐겨 말한 '도광양회'의 의미였다.

중국이 아주 번영하는 무역 강대국이 되어 야심을 숨기기가 불가능해질 때까지 덩샤오핑의 후계자들은 전통을 따르면서 같은 교훈을 적용했다. 그때가 되자 중국은 도처에 존재하는 이익과 자국민을 지킬 수 있는 해군을 갖추어야 했다. 그래서 전 세계에서 중국의 이익을 보호하는 데 필요한 해군의 눈부신 도약에 착수하고 발전시킨 것은 2013년에 최고 권력에 오른 시진핑이었다.

1978년 이후 경제 부흥은 크게 두 시기에 걸쳐 이루어졌다. 첫 번째는 해양 도약의 시기로, 이는 2010년대 초에 중국을 세계 제1의 무역국으로 만들었다. 두 번째 시기는 중국이 세계 무역에 박차를 가하기 위해 (서양에서는 친숙하게 '신비단길'로 부르는) '일대일로(一帶一路)'를 발표한 2013년에 시작되었다.

중국은 세 개의 바다로 개방되어 있지만 해안선이 단 하나인 부분적인 내륙 국가다. 그 세 바다는 북에서부터 남으로 황해, 동중국해, 남중국해다. 이런 해상 접근로와 근해는 중국에는 하나도 속하지 않는 일련의 섬들로 인해 태평양과 분리된다.

바다를 선택한 덩샤오핑

중국과 육지에서 국경을 맞대고 있는 나라들은 대부분 오랫동안 전통적으로 적대 관계에 있었다. 소련을 이은 러시아의 경우 두 나라는 1969년에 핵전쟁 직전까지 갈 정도로 심각한 국경 분쟁이 있었다. 소련도 러시아 제국을 계승했기 때문에 굴욕의 세기에 일부 책임이 있었다. 인도의 경우도 마찬가지여서, 중대한 국경 분쟁으로 중국과 인도는 1962년과 1967년에 대결을 벌였고 최근에도 충돌은 되풀이되고 있는데, 2020년에는 아주 격렬한 대립이 있었다. 베트남은 1979년 중국의 공세를 물리쳤지만, 이 공세는 1988년까지 국경 마찰로 계속되었다. 난사 군도에서 두 나라가 대립하는 해양 분쟁은 뒤에서 다시 다룰 것이다.

중국을 둘러싼 육상의 주변국은 모두 그 국가들을 통과하는 무역 회랑에 지정학적 위협이 된다. 이런 무역 회랑은 국가들 간의 관계가 악화될 경우 단절될 수 있는데, 2005년에서 2009년까지 주기적으로 발생한 러시아와 우크라이나의 가스 분쟁이 이런 경우다. 덩샤오핑이 원한 경제 개방은 이런 종류의 돌발 상황에 노출되게 할 수 없었다.

1978년 11월, 정치적 혼란 후에 안정을 되찾고 나서 덩샤오핑은 동남아시아의 여러 나라를 순방했는데, 특히 싱가포르에서 리콴유 총리를 만났다. 이 나라의 효율적인 정부는 2000년에 출간된 책 제목〔《제3세계에서 제1세계로: 싱가포르 이야기, 1965~2000(From Third World to First: The Singapore Story, 1965-2000)》〕에 잘 요약되어 있다. 리콴유는 자기 나라가 거의 아무것도 없이 시작해서 어떻게 선진국이 되었는지를 설명했다. 덩샤오핑은 싱가포르의 성취에, 더군다나 이 나라 국민의 다수가 중국 이민자들이라는 점에 아주 감명을 받았다. 그는 싱가포르를 참조해서 싱가포르와 다른 여러 선진국에 수만 명의 중국인을 파견해 그 나라들의 경험을 활용하고 기술 정보를 가져오게 했다.

1979년부터 중국은 여러 부문, 특히 무역 부문에서 경제 정책을 탈중앙화하기 위해 여러 가지 개혁에 착수했다. 다양한 기업의 통제권을 지방 정부에 위임했고, 일반적으로 지방 정부가 국가의 지시와 계획 방향에 따르기보다는 자유시장의 원칙에 따라 기능을 수행하고 서로 경쟁하도록 허용했다. 게다가 시민들에게 자신의 기업을 설립하도록 장려했다. 또 다른 핵심 변화는 중앙 정부가 1970년대 말부터 연안에 4개 경제특구를 설치해 외국 투자를 유치하고 수출을 촉진하며 첨단 기술 제품을 중국으로 수입하도록 했다는 것이다. 덩샤오핑은 섬나라인 싱가포르의 성공을 통해 바다의 중요성을 잘 이해했다. 1980년과 1981년에 설치된 이 경제특구는 광둥성의 선전·산터우·주하이와 푸젠성의 샤먼이었다. 경제특구들은 해상 교역으로 중국을 세계와 연결하는 대규모 항만의 배후지(hinterland)[3]를 이루었다. 더 나아가 이 특구들은 금융 중심지인 홍콩과 마카오, 그리고 두 중국 사이에 지속된 정치적 반목에도 불구하고 타이완 가까이에 있었다.

중국의 경제력이 도약하는 진정한 동력인 이 경제특구들은 시장 지향적인 보다 자유로운 경제 정책과 함께 계획경제보다 더 유연한 정부 조치의 혜택을 누렸다.[4] 1988년에 하이난, 1990년에 상하이의 푸둥 구역, 그리고 2009년에 톈진의 빈하이 구역 등 세 개의 경제특구가 점진적으로 추가되었다.

중국 전체를 동시에 발전시키는 것이 평등을 추구하는 체제에서 당연해 보일 수도 있겠지만 이는 사실상 불가능했기 때문에 덩샤오핑은 기름방울에 비유한 선택을 했다. 즉 종이 위에 떨어진 기름방울은 동심원을 그리며 조금씩 퍼져나간다는 것이다. 각 기름 점은 각 경제특구에 도입될 경제 활동을 의미한다. 각 활동은 조금씩 새로운 활동을 자연스럽게 낳고 다른 경제 주체들을 끌어들이면서 기름 점들이 서로 맞닿을 때까지, 그리고 연안 가장자리 전체에 물이 들어올 때까지 발전할 것이다. 그렇게 해서 내륙 지방을 점차 부양할 수 있도록 철도와 도로 등 육상 교통로 건설이 가능해질 것이다. 굴욕의 세기 동안의 개항장 사례는 이런 경제 개념의 유효성을 이미 입증했다.

현명한 지정학적 선택

15세기에 세계를 넘나들던 정화의 일곱 차례 원정까지 거슬러올라가지 않더라도 네덜란드 사례[5]와 그 뒤를 이어 영국이 해양에서 비약한 사례는 오늘날 중국에 잘 알려져 있고, 특히 장기적 성찰에 익숙한 문화에서는 이런 사례들에서 교훈을 얻는다. 역사가 미래를 내다보게 해주지는 않아도 미래를 밝혀준다는 점을 정책 결정자들은 알고 있다.

17세기 초 월터 롤리 경(Sir Walter Raleigh)의 다음과 같은 말이 중국 주석에게 만트라가 되었을 수도 있다.

> 바다를 지배하는 자가 세계 무역을 지배한다.
> 세계 무역을 지배하는 자가 세계의 부를 지배하고
> 그 결과 세계 자체를 지배한다.

7년 전쟁 기간과 나폴레옹 전쟁 및 프랑스 혁명 시기에 영국 해군이 프랑스 식민지들을 탈취해 영국은 19세기에 확고부동한 해양 강대국이 되었고, 중국 제국은 이로 인해 괴로움을 겪었다.

역사 분석으로 공고해진 해양 선택은 우선 대양의 지정학적 중요성에 기인한다. 항행의 자유가 있으면 상선을 보유한 국가는 육로로 통과해야 하는 외국의 사전 승인이라는 지정학적 돌발 사태에 시달리지 않아도 될 가능성이 있다. 우주에서 보면 푸른 행성인 이 지구는 70.9퍼센트가 바다와 대양으로 덮여 있는 반면, 육지는 지구 표면적의 29.1퍼센트에 불과하다. 해양법은 1978년에는 아직 시행에 들어가지 않았다. 그렇지만 협상이 충분히 진전되어 그 내용은 이미 윤곽이 드러났다. 연해에서 비무장으로 통행할 권리라는 원칙이 그 내용에 포함되면서 바다에서 항행의 자유가 인정되었다.

모든 대양은 서로 이어져 있어서 연안 국가들을 분리하기보다는 연결하는 세계 대양을 이룬다. 77퍼센트의 국가들이 이처럼 연결되어 있고(내륙국은 단 44개국), 세계 인구의 93퍼센트가 바다로 접근할 수 있는 나라에 살며, 세계 인구의 80퍼센트가 해안에서 200킬로미터 이내에 산다는 점을 상기한다면, 해로가 가장 확실하고 효율적인 교통수단이라는 것은 명백하다. 화물의 90퍼센트가 해로를 경유한다는 사실이 이를 설명한다. 게다가 중국은 해안이 세계를 일주하는 대항로를 따라 뻗어 있기 때문에 거의 이상적인 지리적 위치의 혜택을 누린다. 파나마와 수에즈에 운하가 개통되면서 경제 대국들이 집중된 북반구의 이 해로로 지구를 일주할 수 있게 되었다.

말라카 해협에서 동쪽으로 향하는 선박은 남중국해와 동중국해를 통과하면서 중국·타이완·일본·한국 가까이 지나간다. 그런 다음, 이 선박은 미국 서부 해안에 근접해 항해할 수 있는 대권항로(지표면에서 두 지점을 최단거리로 이동할 수 있는 항로—옮긴이)를 따라 태평양을 건너고, 파나마 운하를 통과해 멕시코만 근처의 카리브해를 지나 북미 동부 해안의 앞바다 대서양으로 나간다. 이 선박은 계속해서 지브롤터 해협과 지중해를 통과하면서 남유럽을 지나간다. 그리고 수에즈 운하로 들어간 다음 사우디아라비아 해안을 따라 홍해를 통과하고, 소말리아 해적과 예멘의 후티 반군이 창궐해 이 여행에서 가장 위험한 지역인 바브엘만데브 해협을 지난다. 그런 다음, 인도 가까이 지나 세계에서 가장 통행량이 많은 말라카 해협으로 향한다. 가장 부유한 나라들 사이의 교역이 주로 이루어지는 것은 바로 이 대권항로다. 중국의 경제 발전도 세계화의 통로인 이 해로들 덕분이다.

그리고 엄청난 해양 잠재력의 개발

덩샤오핑의 선택은 대양에 내재한 자원과 그 자원의 경제적 중요성에도 기인한다. 인구가 대단히 많은 중국은 식량이 절대적으로 필요하다. 사실 중국 인구는 인류의 17.5퍼센트를 차지하지만, 경작지는 지구 전체에서 9퍼센트밖에 안 된다. 다른 아시아 국가들처럼 중국은 부족한 식량을 일부 재배하기 위해 해외 개발도상국에서 농지를 매점매석하는 정책을 시행했다. 중국은 특히 개발도상국의 주요 고객이 되었다. 어로 자원의 경우 중국은 수백 척의 어선으로 구성된 대규모 어선단을 보유해 해저를 황폐화하며 세계의 대양 곳곳에서 수산자원을 고갈시키고 있다. 어선단은 생선을 가공하는 거대한 가공 선박을 동반한다. 이는 우선 중국 시장에서 소비하기 위한 것인데, 중국인 1명은 해산물을 지구 거주자들의 평균보다 2배 더 많이 소비한다. 또한 미국과 그 동맹국들을 약화시키기 위한 무역 지렛대로 미국에 팔기 위해서일 것이다. 2023년 10월 〈뉴욕커(New Yorker)〉에 발표된 '아웃로 오션 프로젝트(Outlaw Ocean Project)'의 한 보고서는 중국이 미국에 생선을 팔아서 막대한 경제적 이익을 얻는다고 지적한다.

선진국 대부분이 어업 승인을 제한하고 있는 반면, 중국은 제15차 5개년 계획(2025~2030)을 준비하면서 자국의 해산물 생산을 늘리기로 결정했다. 그 양은 6900만 톤이 될 터인데, 2021년에는 6570만 톤이었다. 이런 관점에서 중국 국무원은 외국에 있는 원양어업 수단에 더 많이 투자하라고 촉구하면서 수산 양식 활동을 관리하기 위한 환경 조치를 권장했다.

중국이 자국 근해, 특히 남중국해에서는 모순적으로 어업을 엄격하게 규제하고 있어 흥미롭다. 중국은 남중국해 거의 전부에 대해 주권을 주장하는데, 남중국해는 세계 어류 자원의 약 10퍼센트가 있다. "어류 자원을 보존하기 위해서" 중국은 매년 여름 세 달 반 동안 어업을 금지하는데, 이는 중국이 다른 곳에서는 하지 않는 조치다. 보하이만(발해만)과 황해, 동중국해, 남중국해에서 북위 12도 이상에 위치한 수역이 금지 대상이다. 중국은 1999년부터 남중국해에서 매년 이런 금지 조치를 시행하면서 어업의 지속적인 발전을 장려하고 해양 생태계를 개선하기 위해서라는 명분을 댄다. 분쟁 수역에서 이런 규제로 고통받는 것은 누구보다 필리핀과 베트남 현지의 영세 어민들이다.

    난바다의 광물 개발은 중국이 특히 자국의 산업 수요에 부응하기 위해 관심을 두는 분야다. 남중국해에 매장되어 있다고 추정되는 상당한 양의 에너지 자원에도 불구하고 연안 국가들과의 지속적인 해양 분쟁 때문에 그 개발은 어려운 형편이다. 그래서 인공섬 설치는 무엇보다 정치적 메시지를 전하는 역할을 한다. 중국이 2014년 5~6월에 HD-981(석유 시추선) 플랫폼을 베트남의 배타적 경제수역에 설치하면서 두 나라의 해상 민병대는 아주 격렬한 대치를 벌였다. 중국해양석유총공사 소속의 이 거대한 시추 플랫폼은 예인되어 남중국해에 설치되었다가 결국에는 되돌아가야 했다. 이 해양 분쟁은 베트남인들의 반중 정서를 키워 베트남에서 격렬한 시위를 야기했다. 중국은 수천 명의 자국민을 철수시켜야 했고 이를 위해 6척의 선박을 동원했다. 애초에 중국은 버락 오바마 대통령이 이 지역을 방문한 후에 불만을 표시하려는 것이었다. 그 후로 연안 국가들과의 힘겨루기는 계속되고 있다. 베트남은 중국 해경과 해상 민병대의 압박에 굴복하지 않고 있다. 2024년에 베트남은 중국 해경이 매일 순찰하는데도 뱅가드 대륙붕(Vanguard bank)을 중심으로 (중요하지도 않은) 유전과 가스전을 계속 개발하고 있다. 인도네시아 역시 중국 해경의 정기적인 방해가 있었지만 나투나 가스전을 개발했다. 말레이시아는 카사와리에서, 그리고 매장량이 미미한 여러 유전과 가스전에서 활동을 개시했는데. 이 또한 중국 해경의 표적이다.

해양 자원을 대규모로 개발하는 단계에는 아직 이르지 않았지만, 개발 단계는 강력하게 부상하고 있다. 이를 위해 중국은 많은 수로·해양 탐사선의 지원을 받아 해저를 개발하는 이원화 기술을 개발하고 있다. 중국에 특히 중요한 다른 형태의 자원 개발은 해양 유전자원으로, 바다는 엄청나게 방대한 유전자 다양성의 보고다. 확실하게 알기는 불가능하지만, '환경 과학과 공학의 과제(CESE)' 2013년 보고서는 75만 종의 해양 생물이 아직 발견되지 않았다고 추정한다. 어쨌든 해양 생물학 분야는 육상 생물학 분야보다 훨씬 더 방대한 것이 사실이다. 해양 유전자 관련 특허 수는 아주 현저하게 증가했다. 응용 분야는 방대한데, 특허는 대부분 생의학 응용과 관련 있지만, 농업용과 양식용, 미용산업용 등으로도 이용된다.

앞에서 보았듯이, 중국에서 해양 산업은 특히 경제를 개방하면서부터 점진적으로 발전해 번성하고 있다. 이는 조선, 해양 운송, 해상 보험, 항만과 항만 기지, 선급 회사(선박의 등급을 매기는 일을 하는 회사―옮긴이), 그리고 지정학적 섬인 중국으로서는 사활이 걸린 이런 아주 방대한 활동을 둘러싼 생태계 전체에 해당하는데, 중국 교역의 태반은 해상으로 이루어지기 때문이다. 중국은 산업에 공급해야 하는 원료와 에너지 자원(천연가스와 석유)이 부족한 거대한 나라다. 이웃 나라인 한국·일본·타이완처럼 원료와 에너지 자원을 수입해야 한다. 에너지 자원은 대부분 페르시아만에서 온다. 그 자원은 호르무즈 해협을 통과해 인도양으로 들어와 연간 8만 5000척의 선박이 통행하는 말라카 해협과 순다 해협, 롬복 해협 등 인도네시아의 해협들을 거쳐 인도양을 빠져나간다. 그 반대 방향으로는 중국에서 제조한 완제품들이 대부분 해로로 수출되어 세계를 뒤덮는다.

   1978년에 주로 해상으로 이루어지는 중국의 무역량은 세계 무역량의 1퍼센트였다. 2010년에 중국은 세계 시장의 10.4퍼센트를 차지해 세계 1위의 수출국이 되었고, 시장의 9.1퍼센트를 차지한 수입에서는 세계 2위가 되었다. 2013년에 중국은 수입과 수출을 합계한 무역액에서 세계 1위 교역국이 되었다. 그때부터 중국은 4조 1600억 달러로 3조 9100억 달러의 미국을 추월했다.

새로운 강대국

개혁을 도입한 이래 중국 경제는 주요한 경제적 혼란을 피하면서 고도로 성장해왔다. 1992년에서 2013년까지 중국의 연간 실질 GDP 성장률은 평균 10퍼센트 이상에 이르러 GDP가 7년마다 2배가 되었다. 하지만 톈안먼 광장 학살의 여파로 한동안 경제가 추락했고, 이 학살에는 덩샤오핑의 책임이 있었다. 미국을 비롯한 여러 나라가 경제 제재와 함께 중국에 대한 무기 판매 금지를 공표했다. 국제통화기금에 따르면, 중국의 GDP 성장률은 1988년에 10퍼센트가 넘었지만 1989년에는 4.2퍼센트로, 1990년에는 3.9퍼센트로 추락했다. 1991년에 경제 개혁을 재개하고 외국도 중국에 대한 제재를 축소하거나 철회하면서 실질 GDP는 9.2퍼센트로 증가했다.

규모가 작긴 하지만 또 다른 갑작스러운 경제 침체는 2008년 초의 세계 경제 침체에 기인한다. '서브프라임(subprimes)'이라 불리는 금융 위기로 인해 중국 제품에 대한 수요가 현격히 줄어들었고, 2000만 명의 농민공들이 연안 지방의 일자리를 잃고 귀향해야 했다. 이에 대응해 중국 정부는 대규모 경제 부양 계획을 실시해 특히 사회 인프라와 그중에서도 항만에 투자했다. 2008년에서 2010년까지 중국의 실질 GDP 성장률은 거의 10퍼센트로 치솟았다.

수많은 주민의 생활 수준이 눈부시게 개선되었지만, 발전에서 소외된 사람들에게는 충분하지 않았다. 중국인의 8퍼센트(그래도 1억 2000만 명)가 여전히 절대 빈곤선인 한 달에 60달러 이하로 살고 있다는 사실은 너무나 놀라운 일이다. 게다가 6억 명이 아직도 한 달에 150달러 이하밖에 사용하지 못한다. 그들 대다수는 해안의 역동성이 가져다준 혜택에서 멀리 떨어진 서부와 중부의 내륙 지방에 거주한다.

GDP의 성장은 부자와 빈자, 도시와 농촌, 해안 지방과 내륙 지방 간 3중 불평등을 수반했다. 그래서 사회 정의에 대한 기대는 강렬하다. 그 결과, 성장이 부진할 것이라는 전망은 이 거대한 나라에서는 특히 예민한 문제다. 이 나라는 대규모 반란으로 점철되어온 역사로 인해 무엇보다 이런 폭동이 재현되어 파국에 이를까 봐 두려워한다.

'평화적 발전' 파문

2011년 9월 6일, 중국 정부는 중국어와 영어로 《중국의 평화적 발전》이라는 백서를 발간했다. 중국 당국이 승인한 영어판을 배포한 이유는 번역해두면 해석의 오류를 낳지 않는다는 사실에 있다. 이 문건에서 중국은 타협하지 않을 근본 이익들을 다음과 같이 규정한다.

- 주권
- 국가 안보
- 영토 보전과 통일
- 헌법으로 수립한 중국 정치 체제
- 전반적인 사회 안정
- 지속적인 경제·사회 발전을 확고히 하기 위한 근본적인 보장

처음 두 가지는 특별한 주의를 요하지 않는 반면, 세 번째는 팽창주의 의도가 없다고 과시하는 그 나라로서는 좀 알쏭달쏭하다. 중국 정부가 자국의 한 성으로 간주하는 타이완에만 해당하는 것일까? 아니면, 남중국해에서 주장하는 권리나 '굴욕의 세기' 동안 잃어버린 성(省)들도 문제 삼는 것일까? 하여튼 이렇게 공식화했기 때문에 국민은 잃어버린 영토와 주민이 국가의 품으로 다시 돌아오는 것을 지지할 수밖에 없다.

마지막 세 가지 근본 이익은 중국에서 기업을 비롯해 어디에나 존재하는 정치 체계, 즉 공산주의(또는 오히려 시진핑이 "새 시대를 위한 중국 특색 사회주의"라고 부르는 것)에 관한 것이다. 이는 헌법에 아로새겨져 있고 따라서 이론의 여지가 없다. 이는 사회 안정을 도모하고, 사회 안정은 지속적인 발전의 근본적인 보장을 확고히 한다.

그렇지만 이 목록을 거꾸로 읽으면 다른 점이 드러난다. 만일 지속적인 경제·사회 발전에 문제가 생긴다면, 특히 원료와 에너지 자원의 흐름이 끊긴다면 어떤 일이 생길까? 그러면 사회 안정이 손상될 것이고, 국민과 지도자 간의 암묵적 협약—여전히 유효한 '여러분은 부자가 될 수 있으니, 정치 체제는 의심하지 말라'는 합의—즉 모든 중화제국의 전통 속에서 '천명'이라 불렸던 이 협약이 문제가 될 것이다. 그 뒤에 이어질 소요로 중국 국민은 역사에서 주기적으로 반복된 악습과 폭력적 일탈에 빠질 것이다.

중국 지도자들이 우려하는 바가 이런 것이다. 이는 시민들의 행동을 개별적이고 상시적으로 추적하기 위해 사회연결망 감시와 함께 인공지능과 안면인식 활용으로 점점 더 두드러지는 중국 공안(公安)의 경향을 설명해준다. 중국 정부는 당국의 권위를 거부하는 신호에 매우 주의를 기울인다. 코로나 19 사태는 특히 명확한 사례여서, 이 사태에서 국민이 너무 엄격한 조치에 반발하는 것을 보고 당국은 후퇴했다. 유엔 무역개발회의(CNUCED) 추정에 따르면, 팬데믹이 초래한 전례 없는 혼란으로 인해 2020년에 세계 해상 무역은 4.1퍼센트 줄었다. 중국 정부는 전염을 피하기 위해 아주 엄격한 격리 조치를 취했고, 이 조치를 2년 동안 유지했다.

인구 1100만인 도시 우한을 2020년에 4개월 반 동안, 그리고 이 도시를 둘러싼 인구 7000만 명의 후난성을 철저히 봉쇄한 후 '코로나 제로' 정책은 2022년 11월까지 지속되었다. 이 해에 세계적인 항만 중심지이자 제조 중심지인 상하이가 코로나 제로 정책 시행으로 두 달 동안 봉쇄되었다. 5주 후 상하이는 다시 봉쇄 위험에 처했다. 당시 중국에서 코로나 19와 관련해 7000만 명까지 이런저런 제재를 받았는데, 가장 심각한 곳은 중국 남부의 허난성과 항만 도시 광저우였다. 이런 새로운 위기 신호는 중국의 항구와 공급망이 이미 압박을 받던 순간에 맞춰 찾아왔다. 2022년 9월, 다른 대부분의 나라가 백신 덕분에 코로나 19와 함께 살고 있을 때, 중국 정부는 코로나 제로 정책으로 나라를 폐쇄해 세계와 단절하면서 14억 명의 생명에 상시적으로 다모클레스의 칼(언제 닥칠지 모르는 위험의 은유─옮긴이)을 드리웠다.

이는 위생 측면을 넘어선 격렬한 반발을 초래했다. 수많은 관측자가 이 소동에서 보다 근원적인 변화를 요구하는 중국 국민의 신호를 간파했다. 예를 들면, 상하이의 우루무치로에서 수많은 사람이 항의하는 대중 시위가 벌어졌고, 칭화 대학에서는 학생 시위가 일어나 수백 명이 모여 개혁을 요구하는 구호를 외쳤다.

무역 상황은 악화되어 2022년 12월 초 미국의 제조품 주문은 40퍼센트나 줄어들었다. 미국으로 향하는 중국의 컨테이너 수량은 대폭 감소해 8월과 11월 사이에 전체 수량의 21퍼센트나 감소했다. 다양한 지방에서 일어난 전대미문의 시위와 위생 제재를 실시한 3년 동안 심각하게 피해를 입은 경제 상황에 직면해 정부는 코로나 제로 정책을 포기해야 했다. 2022년 12월 7일, 국민의 커져가는 분노를 초래한 대부분의 제재가 종식되었다. 억압적인 체제는 국민을 감시하고 너무 많아진 위반자들을 식별해내기 위해 실시한 첨단 기술 수단에도 불구하고 그 한계를 드러냈다.

중국 정부는 산업 생산과 무역에 필수적인 활동과 해상 유통의 유지가 중국에 실존적인 중요성이 있다는 것을 잘 이해했다.

해양 성장의 요소들

항구

1978년 국제 무역에 문호를 개방했을 때, 중국은 기존 해양 인프라를 발전시켜 새로운 필요에 맞추고 기술 개선과 함께 진화를 이루어야 했다. 그래서 화물의 하역 작업을 신속하게 진행해 부두에서 소요되는 시간을 최대한 줄이도록 자동화할 때까지 해양 인프라를 계속 더 효율적으로 만들어야 했다. 마침내 항만 기지를 배후지와 연결해 상품이 병목 현상 없이 원활하게 흐를 수 있게 하는 시설을 갖추어야 했다. 이는 여전히 당면 과제다. 항상 더 가속화하는 유통 흐름에 맞춰 이 메커니즘을 잘 조절해야 한다. 이를 달성하기 위해서는 과격한 결정이 필요할 수도 있는데, 중국은 자국의 통치 방식에 따라 그런 결정을 내리고, 전광석화처럼 순식간에 성공적으로 완수할 수 있다. 2010년 상하이 세계박람회를 앞둔 경우가 그랬다. 그때 황푸강을 따라 2.6제곱킬로미터를 정리해야 했다. 이를 위해 1만 8000가구와 2009년에 1만 명을 고용한 장난 조선소를 비롯한 270개 공장을 이전해야 했다. 장난 조선소는 더 크고 더 현대적으로 전광석화처럼 순식간에 양쯔강 연안에 재건설되었다.

컨테이너 항구의 경우 중국은 2020년에 세계 10대 컨테이너 터미널 중 8곳을 보유했고, 그 가운데 가장 큰 곳이 10년 전부터 상하이 컨테이너 터미널이다. 2022년 7월, 상하이는 430만 TEU(Twenty-foot Equivalent Unit: 20피트 길이의 컨테이너 크기 단위—옮긴이) 이상을 취급해 새로운 월간 기록을 수립했다. 상하이의 월간 평균량은 390만 TEU를 조금 넘는다. 상하이 국제항무집단은 저장성에 새로운 컨테이너 터미널을 개발하고 있는데, 이 터미널은 약 5.6킬로미터의 부두와 초대형 컨테이너선 정박지 7개, 그리고 그보다는 소규모로 지역 운항을 담당할 선박 정박지 15개를 갖추게 된다. 이 계획은 70억 달러 이상의 투자를 받을 것이다. 새 터미널 건설은 2022년 10월에 시작했고 10년 후 완공 예정이다. 이 새 시설이 완공되면 연간 116억 TEU를 처리할 수 있다. 이 숫자는 현기증이 날 정도이고, 유럽에서는 비견할 만한 곳이 없다. 로테르담은 한참 뒤처져 있어 처리 컨테이너 수가 3분의 1에 불과하다.

또한 중국은 대규모 건화물 및 액체 화물과 함께 영하 163도의 액화천연가스(LNG)도 수입하는데, 액화천연가스 수입을 위해 특수 터미널을 보유하고 있다. 중국은 현재 완숙기에 접어든 수송 방법인 로로선〔Ro-ro(roll on/roll off) ship: 자동차를 직접 승선하고 하선해서 적재하는 선박—옮긴이〕으로 전기자동차를 비롯한 자동차를 대부분 수출한다.

조선

20세기 초에 조선은 한 나라의 산업 역량을 대표했다. 1960년대에 일본은 제2차 세계대전 후 산업의 재활성화에 필요한 에너지 자원과 원료를 수송하기 위해 상선이 필요했다. 그래서 일본은 점점 더 첨단 기술로 선박을 건조하는 주요 조선국이 되었다. 1위 자리는 나중에 한 단계씩 똑같은 과정을 밟아 올라온 한국에 빼앗겼다. 그러나 2000년대부터 중국이 외국 엔지니어링 기업과 선급 회사들의 지원을 받아 액화천연가스 수송선처럼 복잡한 상선 건조법을 하나씩 배워 세계

1위에 올랐다.

2015년, 중국선박공업무역유한공사의 조선소는 구현하기 아주 복잡한 또 다른 형태의 선박인 유람선 건조에 착수한다고 발표했다. 이 배는 카니발(Carnival: 미국 플로리다에 본사를 두고 세계 각지에서 유람선을 운영하는 회사—옮긴이), 중국투자공사, 중국선박공업무역유한공사가 공동 투자한 40억 달러 규모 합작회사의 첫 번째 유람선이다. 10억 달러의 가치에 3000~4000명의 승객을 수용할 수 있는 선박들은 각각 중국 승객들의 특수한 기대에 부응하도록 설계되었다. 2024년 1월 1일, 아도라매직 시티(Adora Magic City)호가 한국과 일본으로 6일간의 유람을 위해 상하이에서 출항했다. 이 배는 길이 323.6미터로 2125개의 선실에 5246명까지 승객을 수용할 수 있다. 국영 언론들은 중국 조선업이 항공모함과 대형 액화천연가스 수송선 같은 더욱 야심찬 계획을 수행해낼 수 있다는 것을 증명했다면서 이 선박을 중요한 진전으로 제시했다.

2022년에 중국의 조선업은 세계 시장의 47퍼센트를 차지해 기록을 경신했다. 중국 조선업은 보상 총톤수(선박 건조에 필요한 작업량을 나타내는 지표—옮긴이)로 1460만 톤을 건조했는데, 이는 전 세계에서 인도된 3080만 톤의 거의 절반이다. 이 수치는 중국이 코로나 19와 싸우면서 2022년 5월에 상하이 조선소들을 폐쇄하고도 달성한 것이어서 그만큼 더 인상적이다. 중국은 다른 모든 부문에서처럼 이 부문에서도 계통적으로 일을 처리해 단계를 뛰어넘지 않고 항상 더 복잡한 선박을 건조하면서 한발씩 전진했다. 이 유람선이 서양의 관광 시장이 아니라 특히 중국 관광 시장을 겨냥한다는 점은 흥미롭다. 고객의 기대만큼이나 규격도 상이한데, 어느 쪽이 더 까다로웠을까?

해운과 관련해 중국은 세계 1위의 선박 소유국으로 처음으로 그리스를 추월했다. 그렇지만 중국은 적재적량 톤수로는 그리스에 뒤진다 (톤수는 선박의 내부 용적을 나타내는 반면, 적재적량은 선박이 수송할 수 있는 상품의 무게다). 어쨌든 중국은 몇십 년 만에 중요한 해양 강국으로 부상했다.

해양 경제

2015년, 해양 산업에는 3500만 명 이상이 고용되었다. 해양 과학기술은 해양 경제의 60퍼센트를 차지하고, 중국에서 해양 경제의 가치는 2011년에서 2015년까지 연평균 8.1퍼센트 성장했다. 이 기간 GDP에서 해양 경제의 비중은 9.6퍼센트에 머물러 있었다. 그 비중은 2017년에는 10퍼센트로 성장했고, 2035년에는 15퍼센트까지 성장할 것으로 예상된다. 중국은 자국의 모든 해안에 접한 중국해들과 황해를 지배하고 싶어 한다. 사활이 걸린 해상 교역의 안전은 효율적인 항만 인프라와 상선·어선으로만 확보되지 않는다. 이 바다들의 일부인 해상 접근로도 통제해야 하고 따라서 필요한 법적 관할권을 갖추어야 한다. 뒤에서 살펴보겠지만, 중국은 해양력을 이용해 근해 전체를 (미국의 전략가 머핸이 말한 지배의 의미로) 제어해야 하는데, 이 해양력은 자국 법을 준수하게 하고 세계에 그 법을 강요할 수 있는 해군에 기대는 민병대와 해안 경비대로 구성되어 있다.

중국은 유엔해양법협약이 발효되기 전에 1992년 2월 25일 '영해와 접속 수역에 관한 법'을 공표했다. 이 법은 당시에 비준을 기다리던 몬테고 베이(Montego Bay) 협약(유엔해양법협약의 다른 이름)보다 더 제한적이다. 이 중국법은 특히 국제법이 인정하지 않았던 중국의 영토 주장을 명시하고 있다. 이 법은 2조에서 다음과 같이 규정한다.

> 중국의 영토는 대륙과 함께 바다의 섬들, 타이완과 여러 부속 섬들, 특히 댜오위다오(일본어로 센카쿠 열도이고 일본과의 해양 분쟁 대상으로 동중국해에 위치한다)와 펑후 제도(타이완, 즉 중화민국에 속하는 페스카도레스 제도)를 포함한다. 다음 섬들처럼 펑후 제도는 남중국해에 위치한다.
> 둥사 군도(중화민국의 프라타스 제도).
> 시사 군도(1974년 베트남군이 점령한 파라셀 제도).
> 난사 군도(필리핀 등 여러 나라와 해양 분쟁 대상인 스프래틀리 제도로 필리핀의 제소 대상) 및 중국에 속한 다른 섬들.

이렇게 하면서 중국은 유엔해양법협약에 대한 선행성을 확보해 스스로 주장하는 자국의 해양 영역과 그것을 준수하게 할 수 있는 법적 수단을 강변한다. 또한 중국은 필요하다면서 다른 섬들을 추가할 가능성도 있다. 여기서 다시 한번 중국은 처음에 계획했던 대로 그리고 난사 군도에서 일부 실현했듯이, 멀리 내다보면서 작은 것부터 차곡차곡 차지하는 작전을 준비하고 있다.

1982년 12월 10일에 맺은 해양법에 관한 몬테고 베이 협약은 1994년 11월 16일 효력이 발생했다. 미국은 1994년 7월 29일 협약에 서명했지만, 협약의 핵심 내용을 적용하기도 하고 '항행의 자유 작전'[6]을 실시할 때 협약을 따르면서도 협약을 비준하지 않았다. 중국은 1982년 12월 10일 협약에 서명하고, 1996년 6월 7일에 비준했다. 협약이 허용하는 바에 따라 중국은 유보 조항들을 발표했고 아직 철회하지 않고 있다. 중국은 특히 영해와 접속 수역에 관한 해양법 2조에서 열거한 군도와 여타 섬들에 대한 주권을 유보 조항에서 재확인한다.

중국은 미래의 법적 소송을 염두에 두고 유보 조항에서 다음과 같이 명시한다. "중국 정부는 협약 298조의 시행규칙 a), b), c)에 언급된 모든 범주의 분쟁에 관해 협약 15부 2절에 명시된 어떤 절차도 수락하지 않는다." 이는 해양 분쟁을 조정, 즉 독립적인 법원에 제소해 해결하는 절차에 관한 것이다. 중국은 이렇게 유보해 자국의 영토 주장으로 해양 분쟁을 겪고 있는 연안 국가들이 제소할 수 있는 소송에 대비하려는 속셈이다.

협약은 특히 연안 국가들의 영해 범위를 통일하고 배타적 경제수역(EEZ) 개념을 도입했다. 공산 국가들로서는 영해의 폭이 이미 이전에 12해리여서 중국에는 변화가 없었지만, 200해리 배타적 경제수역 설정으로 중국의 해상 접근이 어느 정도로 제약되는지 극명하게 드러났다.[7] 중국의 해안선을 따라 중국의 바다 경계를 동쪽에서 획정하는 섬들은 하나도 중국 관할하에 놓이지 않았다. 전략가들이 중국의 해양 접근로를 에워싸는 '제1도련선(first island chain, 第一島鏈線)'이라 지칭하는 것이 이 섬들로 형성된다. 대륙에서 400해리 이내에 위치하고 해안이 마주 보는 다른 국가들의 섬들로 인해 배타적 경제수역은 두 국가 간 거리의 반으로 줄어든다. 그래서 대체로 중간선이 관할권의 경계로 설정된다.

유엔해양법협약은 다음 세 경우가 보여주는 것처럼 해양 접근로의 지리적 상황에 따라 연안 국가들 사이에 사실상 큰 불평등을 낳았다. 미국은 배타적 경제수역이 1135만 1000제곱킬로미터로 세계에서 가

10단선

2009년의 구술서(note verbale: 질의·통고·의뢰 등에 사용하는 외교 문서의 일종—옮긴이)에 따름. 지도 범위 밖에 있는 10번째 선은 타이완을 포함하고 있다.

인도-태평양 주요 4개국의 해양 영역과 육지 면적 비교(괄호 안 순위는 세계 순위)

국가	M/T	M: 배타적 경제수역 면적(km^2)	T: 육지 면적 (km^2)
미국	1.2	11,350,000(1위)	9,371,175(4위)
프랑스	17.2	11,035,000(2위)	640,294(42위)
일본	12	4,470,000(6위)	377,944(62위)
중국	0.4	3,879,666(10위)	9,596,966(3위)

장 넓은 해양 영역을 보유하지만, 이는 육지 면적의 1.2배에 불과하다. 이 경우가 형평에 맞는 것처럼 보일 수도 있겠으나, 육지 면적으로는 42위이지만 해양 영역에서 2위여서 아주 유리한 프랑스와 육지 면적 3위에 해양 면적 10위로 아주 불리한 중국은 상황이 전혀 다르다.

게다가 이 제1도련선을 통과하려면 중국 발착 해상 유통은 중국이 통제하지 않는 해협들을 지나야 한다. 중국의 경제 발전 추구, 사회 안정, 정치 체제는 해상 교역이 단절되면 위태로워진다. 후진타오 주석은 2003년에 이 존재론적 위협을 '말라카 딜레마'라고 규정했다. 이 명칭은 중국의 핵심 무역 물류가 지나는 인도양과 중국해를 연결하는 중요한 해협의 이름에서 따온 것이다. 그래서 중국은 자국 해안을 에워싼 '근해의 족쇄'[8]에서 풀려나야 할 절대적 필요가 있다.

남중국해에서 드러나는 중국 해양 지정학의 모호성

1984년부터 중국의 남중국해 지도는 '소의 혀' 모양으로 해양 영역을 표시하고, 그 윤곽을 9단선으로 획정했다. 그 영역은 국민당의 한 지리학자가 1947년에 발표한 〈남해제도위치도(南海諸島位置圖)〉가 시초였다. 2007년 베이징에서 출판된 중국지도출판사의 〈중국 지도〉에는 10번째 선이 등장해 타이완과 타이완 해협을 포함하고 있다. 재외 중국인의 여권에도 등장하는 이 선은 중국의 육지 국경과 같은 도형 부호로 그려져 있는데, 유일한 차이점은 선의 비연속성이다. 2009년에 중국 정부는 2개의 '구술서'를 유엔 사무총장에게 전달했다. 지도가 포함된 그 구술서 중 하나에서 중국은 다음과 같이 선언한다.

> 중국은 남중국해와 부속 해역의 도서에 대해 이론의 여지가 없는 주권을 가지고 있고, 관련 해역과 함께 그 해역의 해상 및 지하 자원에 대해 주권과 관할권을 향유한다(첨부한 지도 참조). 위에 언급한 지위는 중국 정부에 의해 변함없이 유지되고, 국제 사회에서 폭넓게 인정되고 있다.

유엔해양법협약에 서명하고 비준한 나라에서 나온 이런 선언은 이율배반적으로 보일 수 있다. 그렇지만 완전히 통제할 수 없을지도 모르는 사건들을 초래할 위험을 무릅쓰지 않기 위해 모호성을 유지하는 것은 중국 정부의 관례다. 이 선들 각각의 지리적 위치가 위도와 경도로 정확하게 고정된 적이 없고, 출판 의도에 따라 조금씩 변한다는 사실은 같은 의지의 표현이다. 구술서에 첨부된 지도에서 선이 9개밖에 없다면, 그것은 타이완을 포함하는 10번째 선이 드러나지 않도록 지도 범위가 동쪽으로 충분히 멀리 가지 않아서라는 단순한 사실에도 주목할 필요가 있다. 그러면서도 모호성을 더 짙게 하는 방법으로 중국지도출판사의 〈중국 지도〉 2007년판에는 10번째 선이 이미 등장한 바 있다.

'10단선'은 베트남·필리핀·인도네시아·말레이시아·브루나이의 배타적 경제수역을 크게 침해하고, 여러 국가가 무력으로 점령하고 있는 섬들을 포함하고 있어 이 국가들과 해양 분쟁을 야기한다. 10단선은 200만 제곱킬로미터의 해양 영역, 즉 남중국해의 62퍼센트와 함께 프라타스 제도, 파라셀 제도, 스프래틀리 제도 등의 섬들과 모래톱, 메이클즈필드 천퇴(Macclesfield bank, 중사 군도), 스카버러 암초(Scarborough reef)를 포함하고 있다.

동시에 중국은 남중국해에 건설한 섬들 주위에 12해리 영해를 준수하게 하려고 해양법에 기대는데, 그 섬들은 그런 권리가 없는 인공섬이다. 또한 중국은 그 후 파라셀 제도 주위에 기선을 획정했는데, 이는 그 섬들에 열도의 지위를 인정하지 않는 유엔해양법협약과 상충한다. 그렇지만 중국은 이렇게 해서 파라셀 제도 전체를 통제한다고 주장할 수 있고, 내해로 간주하는 거대한 해양 영역을 망라할 수도 있다.

이는 다른 나라들의 거친 반응을 불러일으키지 않으려고 항상 제한된 방식으로 중국이 자기 마음대로 되풀이하는 관행이다. 예를 들면, 2024년 3월에 중국은 통킹만의 동북단에 새로운 기선을 선언하면서 내해를 확장해 통킹만 일부를 자국에 유리하게 대폭 변경했다. 중국의 일방적인 선언이 유지된다면, 중국의 해안에서 초승달 모양으로 50해리까지 확장되는 구역이 추가로 중국 국내법을 완전히 따르게 될 것이다. 마지막으로 중국은 각 연안 국가와 양자 대화로 이 문제를 다룰 준비가 되어 있지만, 국제기구나 다국적 기구의 개입은 언제나 거부할 것이라는 점을 늘 상기시킨다. 중국은 유엔해양법협약을 비준할 당시에 표명한 유보 조항으로 이를 명확하게 지적한 바 있다. 이는 중국과 필리핀이 대립한 분쟁에서 헤이그 중재재판소가 내린 불리한 판결에 대한 거부를 정당화한 논거 중 하나다.

상설중재재판소에 청구한 중재

2013년 1월, 필리핀은 중국의 영해 주장을 불법으로 선언해달라고 요청하면서 헤이그의 상설중재재판소(Permanent Court of Arbitration, PCA)[9]에 제소했다. 중국은 이 전략적 해역의 많은 부분이 자국에 속한다고 단언한다. 필리핀에 따르면, 중국의 주장은 유엔해양법협약 위반이다.

상설중재재판소는 3년간의 숙고 끝에 2016년 7월 12일 "중국은 9단선 내의 해양 구역에서 자원에 대한 역사적 권리를 주장할 법적 근거가 전혀 없다"고 선언하는 판결을 내렸다. 판결의 요점은 다음 세 가지다.

- 중국이 주장하는 '역사적 권리'는 어떤 법적 근거에도 기초하고 있지 않다.
- 중국은 필리핀의 배타적 경제수역에서 (특히 스카버러 암초 부근에서 어업을 할 권리에 관해) 필리핀의 '주권을 침해'했다.
- 스프래틀리 제도의 일곱 곳에 실시한 중국의 간척[10] 사업은 해양 생태계에 '돌이킬 수 없는' 피해를 초래한다.

그렇지만 상설중재재판소는 앞에서 말한 일곱 곳의 주권 문제에 대해서는 의견 표명을 자제했다. 그러나 판결이 법적 기초 위에 분쟁 해결의 출발점이 되도록 시도했다.

다음 날, 중국은 상설중재재판소의 중재를 무효로 간주하고, 중재를 인정하거나 수락하지 않았다. 중요한 문제에 대해 늘 하던 대로, 《중국은 남중국해에서 필리핀과 대립하는 분쟁을 협상으로 해결하려는 입장을 견지한다》라는 제목의 백서를 중국어와 영어로 펴내 배포했다. 중국은 어부들과 해상 무역인들이 그 해역과 그곳 섬들에 자주 드나들었다는 것을 증명하기 위해 백서에서 긴 주장을 전개했다. 그래서 이 공간에 대한 역사적 권리가 자국에 부여되어야 한다고 중국은 판단했다. 그렇지만 몬테고 베이 협약에 등장하는 '역사적 권리' 개념은 이런 정의에 조금도 해당하지 않았다.

상설중재재판소의 판결은 법적 구속력이 있기에 지체 없이 시행되어야 하지만, 판결을 적용할 어떤 수단도 규정되어 있지 않다. 당사자 중 한 측이 결정에 불만이라면, 상설중재재판소에 결정을 '해석'해서 설명해달라고 요청할 수 있다.

새로운 시장을 향해서: '일대일로'

시진핑 주석은 2013년 9월과 10월에 중앙아시아와 동남아시아를 순방하는 기회에 '일대일로'와 함께 '21세기 해상 비단길'을 구축하겠다는 결정을 발표했다. 이 계획 전체의 영어 약자는 OBOR(One Belt One Road)이었다가 2015년에 발간한 백서에서는 BRI(Belt and Road Initiative)로 변경했다.[11] 2023년 말에 150개국 이상이 이 프로젝트에 참여해, 중국 정부에 따르면 이 프로젝트는 '세계 최대의 협력 플랫폼'이 될 것이다. 2조 달러에 이르는 이 야심 찬 프로젝트는 항구와 철도, 공항, 산업 단지를 건설해 아시아와 유럽, 아프리카, 그리고 그 너머에서도 무역 관계 개선을 목표로 삼는다.

이는 무엇보다 중국이 세계와의 연계를 개선하기 위해 대륙들을 가로지르는 무역 통로의 개설에 기여하면서 자국 경제를 강화하려는 것이다. 그런데 이 프로젝트는 해안에서 가장 멀리 떨어진 자국 지방들을 단순히 폐쇄에서 벗어나게 하는 것보다 훨씬 더 야심 찬 일이어서, 기존 물류망 인프라를 개선하고 경우에 따라서는 새로운 물류망을 구축해 이를 이용하게 될 교역 흐름의 최적화도 목표로 한다. 사실 예를 들어 중국에서부터 이어지는 여러 기항지의 항구에서 보내는 시간이 길어진다면, 선박들이 전광석화처럼 빠르게 선적과 하역을 할 수 있는 세계 10대 현대식 컨테이너 항구 중 오늘날 중국이 6~7개 항구를 보유한다고 해도 중국에 아무런 쓸모가 없을 것이다. 이런 지체 시간이 누적되면, 대부분 재고 없이 적시 생산 방식으로 일하는 산업에는 항로의 마지막 인도 단계에서 생기는 지연으로 발생하는 비용이 너무 높을 것이다. 이런 문제는 다른 모든 방식의 해상 수송과 원료·석유 등 모든 화물에도 마찬가지다.

일대일로는 개선이나 새로운 무역 거점 창설에 그치지 않고, 새로운 흐름 생성도 목표로 삼는다. 이를 위해서는 가능한 모든 곳에 자유무역지대를 설립하고 운용하는 데 유리한 다중 방식의 유통 인프라와 수단으로 해외 배후지들을 조성해야 한다. 이 프로젝트는 이 목적으로 특별히 설립해 중국이 관리하는 아시아 인프라 투자은행(Asian Infrastructure Investment Bank, AIIB), 중국 비단길 인프라 기금 등의 기관들이 자금을 댄다. 따라서 이는 모두에게 유리할 수밖에 없는 과정으로 제시된다. 중국은 이를 위해 세계은행, 국제통화기금 등 서구가 설립했고 현재 한계를 드러내며 아주 비판을 받는 무역 모델을 대체하는 새로운 무역 모델을 제안한다.

이는 또한 여러 대륙 차원에서 소프트 파워(soft power)가 놀라울 정도로 작동하는 것이고, 그 반향은 이미 세계적이다. 그러면서 중국은 유엔 헌장의 원칙과 중국이 내세우는 평화공존 5원칙을 준수한다고 말한다. 평화공존 5원칙은 주권과 영토 단일성의 상호 존중, 불가침, 내정 불간섭, 평등과 호혜, 그리고 평화공존이다.

이에 관련된 지리적 공간은 지구 전체를 망라하지 않고, '비단길'이라는 표현은 이유 없이 그냥 선택된 것이 아니다. 이 프로젝트를 위해 발간한 백서는 이 프로젝트의 우선 목표가 아시아·유럽·아프리카는 물론 이 대륙들에 접한 바다와의 연결을 개선하는 것이라고 명시한다. '프레임워크(Framework)'라는 제목의 3장은 해양로와 관련해 더 명확히 밝힌다. 첫 구간은 중국 해안에서 출발해 남중국해와 인도양을 통과해 유럽으로 향한다. 두 번째 구간은 남중국해를 지나 남태평양으로 향한다.

2017년 6월, 〈일대일로 이니셔티브 하의 해양 협력 비전〉[12]이라는 새로운 문서가 발간되었다. 이 문서는, 중국-인도양-아프리카-지중해의 블루 경제(blue economy)[13] 통로를 실현해 중국-인도차이나 반도의 경제 회랑을 연결하고 중국해에서 서쪽으로 인도양으로 확장되어 중국-

파키스탄 경제 회랑(CPEC)과 함께 방글라데시-중국-인도-미얀마 경제 회랑(BCIM-EC)을 이 경제에 연결하는 데 대양 협력을 집중할 것이라고 명시한다. 동시에 남중국해에서 태평양으로 가는 중국-오세아니아-남태평양 블루 경제 통로를 구축하는 작업도 해야 했다.

북극해를 거쳐 유럽까지 또 다른 블루 경제 통로도 검토 중이다. 2018년 1월에 발간된 새로운 백서[14]는 '북극 비단길(Polar Silk Road)'이라 표현한 얼어붙은 북극해를 지나는 세 번째 구간을 발표해 이 프로젝트를 세상에 내놓았다. 2017년 여름에 10여 차례 이용한 이 경로는 기후온난화의 영향으로 빙하가 감소하면서 중요성이 높아질 것인데, 중국과 북유럽의 주요 해상 교통로가 될 전망이다. 이 해상로는 오늘날 주로 이용되는 해로(남중국해-인도양-홍해-수에즈 운하-지중해-대서양-북해)보다 거리가 30퍼센트 더 짧다.

실현

이 프로젝트에 아메리카를 포함하지 않은 선택은 무엇보다 정치적이다. 중국은 미국을 패권국이라는 이유로 맞수 아니면 잠재적 적으로 간주한다. 패권은 중국이 거부하는 결함인데, 중국은 이익의 공평한 배분을 제안한다. 이런 절도 있는 행동으로 '새로운 비단길'이라는 매력적이고 낭만적인 명칭의 선택 또한 정당화된다. 그 명칭에는 폭력이라는 생각이 전혀 결부되지 않기 때문이다. 다른 이유는 훨씬 더 세속적이다. 중국과 미국의 무역은 1979년 20억 달러에서 2017년 6330억 달러로 증가했는데, 중국이 미국의 가장 중요한 무역 상대국이어서 이 수치는 나아진다고 하더라도 사소한 수준에서 개선될 수 있을 뿐이다.

두 나라 사이에 높아지는 보호주의로 인해 이 수치는 줄어들 가능성이 더 많다. 반대로 동남아시아·중앙아시아·유럽·아프리카와의 무역은 각기 다른 속도로 쉽게 개선될 수 있고, 이는 장기적으로 중국 산업, 특히 건설 기업에 새로운 활력을 불어넣어줄 수 있을 것이다.

바다의 사정을 잘 모르는 서구의 많은 언론이 유포한 생각과는 다르게, 가장 선진적이면서 또한 대양에서 항행의 자유 때문에 발전 잠재력을 가장 많이 지닌 것도 해양로다. 지정학적 제약도 사람들이 살고 있는 육지보다 해양로가 훨씬 적다. 철도 수송에 내재한 난관은 통과해야 할 수많은 국경과 여러 번의 상품 통관, 차량이나 차축을 바꿔야 하는 궤간 차이(유럽과 중국은 1455밀리미터, 구소련 영토에서는 1524밀리미터), 열차 수송량의 부족, 운송 무게 단위당 더 심한 공해 등 다양하다. 여기에 국가 간 분쟁 위험과 이슬람주의자들의 테러 위험, 중앙아시아에 만연한 위험도 추가해야 한다. 예를 들면, 중국에서 런던까지 24개 컨테이너를 기차로 운송하는 데 2017년 1월 1일에서 18일까지 18일이 걸렸다. 기차는 7개국을 통과하고, 차량을 두 번 바꿔야 했다. 수송량은 빠르게 늘어서 2020년에 1만 5000개 열차가 60만 개의 컨테이너를 수송해 예상보다 3배 늘었는데, 이는 코로나 위기로 인해 해상 수송량이 줄었기 때문이다. 그렇지만 이는 중국 수출의 5퍼센트에 불과해 나머지는 …… 해로로 수송되었다!

CMA-CGM의 컨테이너선 홍콩호의 경우 중국에서 런던까지 30일 동안 2만 1413개의 컨테이너를 수송할 수 있다. 조선소들은 거대화 경쟁에 뛰어들었다. 2023년 3월 9일, 중국의 한 조선소는 2만 4346TEU를 선적할 수 있는 새로운 바다의 거인 MSC 이리나(Irina)

호를 인도했다. MSC 이리나호는 양쯔강 조선 그룹의 자회사로 양쯔강변의 징장시에 위치한 양쯔 신푸 조선회사가 MSC(Mediterranean Shipping Company)에 인도한 선박이다. 양쯔강 조선 그룹에 따르면, MSC 이리나호는 2만 4000TEU급으로 인도된 첫 선박이며 MSC를 위해 건조할 선박 6척 가운데 첫 번째였다. 60만 TEU는 이런 규모의 컨테이너선 24척만으로도 수송할 수 있다. 달리 비교하자면, 이런 선박 단 1척으로 수송할 수 있는 2만 4000TEU를 수송하려면 350킬로미터 길이의 기차가 필요하다!

요약하면, 철도 수송은 해상 수송보다 2배 더 빠르지만 3배 더 비싸다. 2017년에 철도 수송은 매주 20대의 기차로 시장의 2퍼센트를 점유했다. 2020년에 1만 5000대의 기차가 수송한 60만 개의 컨테이너는 단 24척의 컨테이너선으로 수송할 수 있었을 것이다. 그렇지만 각 운송 방식은 고유한 시장에 대응한다는 점을 고려해야 한다. 그것은 또한 시장의 수명(상품의 유통 기한)에도 달려 있다. 컴퓨터나 휴대전화 같은 첨단 기술 장비는 더 빠른 철로가 나을 것이다. 게다가 생산자의 상품을 최종 소비자에 전달하는 데는 다중 운송이 필요하다는 점도 확인되었다.

진주 목걸이

중국은 1979년 국제 무역에 문호를 개방한 이래 해상 운송을 우선시해 일대일로 발표 전부터 항구들에 대한 통제권을 장악하려고 했다. '진주 목걸이'[15]로 불리는 이 전략은 21세기 해상 비단길 노선에 포함되었다. 이 전략으로 화교 사회를 통해 중국의 교역에 중요한 해외 항만 터미널들을 통제할 수 있었다. 해상 운송의 거인인 코스코 해운(COSCO Shipping)이 2016년에 그리스 최대 항구인 피레우스를 관리하는 피레우스 항만공사(OLP) 지분 과반에 대한 매입 계약을 체결했을 때가 특히 그런 경우였다. 코스코 해운은 이미 2008년부터 컨테이너 센터의 3분의 2를 통제하고 있었다. 다른 많은 나라가 자국의 항만 인프라를 매각할 유혹에 빠졌지만, 그로 인해 초래될 위험은 잘 보지 못했다. 2019년 3월 29일, 이탈리아는 중국의 이 장대한 프로젝트에 편입된 첫 G7 회원국이 되었다. 이탈리아 정부와 중국 정부는 유럽과 미국의 우려에도 불구하고 '구속력 없는' 29개 계약 또는 양해각서를 체결해 '새로운 비단길'에 이탈리아가 함께하는 것을 확정하고자 했다. 중국 정부와 이탈리아 정부는 우선 중국 상품이 유럽 시장에 해상으로 접근하는 데 전략적으로 중요한 제노바 항구와 트리에스테 항구에 대한 제한적인 중국 투자를 고려했다. 결국 이탈리아는 새로운 비단길에 합류하고 4년이 지난 2023년 12월에 합의를 철회했다. 함부르크 같은 유럽의 다른 항구들은 2022년 10월 26일 중국의 코스코 해운에 소수 지분(출자의 24.9퍼센트)을 양도하기도 했다.

이런 계획은 최빈국을 짓누르는 위험한 부채와 그로 인해 초래되는 지정학적 영향 때문에 전 세계에서 비판을 받는다. 이런 '부채의 덫'에 스리랑카가 빠졌다. 이 작은 섬나라는 싱할라족 정부와 타밀 소수민족 간에 유독 가혹한 내전을 30년 동안 겪었다. 중국은 2009년 5월에 고속정을 제공해 반군 진압을 도왔다. 내전 중에 스리랑카를 이끌었고 이후 권력을 장악한 라자팍사 형제가 스리랑카 남부 함반토타의 심해에 항구를 건설하겠다는 중국의 제안에 동의한 이유 중 하나가 이것이었을까? 게다가 이 항구는 이 나라의 주요 관심사가 아니었다. 콜롬보의 아름다운 정박지로도 스리랑카의 필요에는 충분했기 때문이다. 빚을 상환할 수 없었던 이 나라는 채무 상태에 처했다. 그래서 중국은 11억 2000만 달러에 합의해 스리랑카 정부의 부채를 삭감해주는 대신 심해 항구를 개발할 수 있게 되었다. 2017년 7월의 합의에 근거해 초상국항구유한공사(China Merchants Port, 招商局港口有限公司)는 중국이 건설하는 15억 달러에 상당하는 항구를 99년간의 장기 임대로 운영할 것이다. 중국이 부과한 이 기간은 영국이 홍콩 조차에서 강요한 기간과 같다. 그렇지만 이 기간은 무엇보다 중국이 19세기의 해양 열강에게 비난의 화살을 돌리는 굴욕의 세기를 상징한다.

중국은 세 곳에서 항구를 개발했는데, 이 항구들은 각각 삼중의 이익을 함축한다는 특수성이 있다. 첫째는 중국 회사들이 50년 동안 관리하는 해양 터미널이라는 점이다. 다른 한편, 이 항구들은 에너지 회랑이나 육지 물류 회랑의 출발점이다. 마지막으로 이 항구들은 최상급의 군사적 이해관계가 있어서 인도양으로 접근할 수 있는 세 곳의 큰 해협 가까이 위치한 해군 기지이거나 거점이다. 이 항구들은 파키스탄의 과다르, 지부티의 도랄레, 미얀마의 차우퓨와 시트웨다.

2018년 2월, 초상국항구유한공사는 지부티의 주요 컨테이너 화물 시설인 도랄레 컨테이너 터미널(DCT)의 통제권을 획득했다. 중국의 근해 밖에서 2017년 7월에 중국의 해군 기지가 처음 개설된 곳도 이 나라였다. 이 기지는 인도양에서 유럽으로 가는 관문인 바브엘만데브 해협에서 불과 75해리 떨어져 있다. 이곳은 예멘이 오래전부터 전쟁 중이고 후티 반군이 미사일과 항공 드론, 해양 드론과 함께 어뢰로 이 해협에서 해상 교통을 위협하고 있는 만큼 아주 민감한 지역이다. 이 해협은 항해가 타격을 받아서 교란되지 않을 때 세계 교역량의 12퍼센트를 차지하는 곳이다. 또한 중국은 지부티에 다른 해상 터미널들을 건설하고 내륙국인 에티오피아와 이 터미널들을 연결하는 철로도 건설했다. 에티오피아 수출품의 95퍼센트가 이런 방법으로 수송될 것이다.

파키스탄의 새로운 항구 과다르는 중국-파키스탄 경제 회랑의 출발점인데, 이 회랑은 이슬람주의자들의 테러로 유난히 불안한 지역을 통과하는 송유관·가스관·고속도로·케이블·철로를 통해 중국의 서부 지방을 부양하게 된다. 공장과 수력·화력 발전소와 함께 태양광 및 풍력 발전 단지 건설은 이 회랑이 통과하는 지역의 발전에 기여해야 한다. 이런 이유로 중국은 중국-파키스탄 경제 회랑에서 기지들을 보유하고 싶어 한다. 이 기지들은 우선 중국 국경까지 이어지는 경로의 양 끝에 설치될 것이다. 그중 하나는 중국의 불안정한 지역인 신장과 마주 보는 아프가니스탄 동북부의 와한 산악 지대에 있는 외딴 육지 회랑이다. 다른 하나는 아마도 파키스탄 지와니의 해군 기지로, 과다르에서 서쪽으로 23해리 떨어져 있고, 중국으로 향하는 수입 연료의 대부분을 수송하는 유조선과 가스 수송선이 통과하는 호르무즈 해협에서 300해리밖에 떨어져 있지 않다.

마지막으로, 중국은 미얀마에서 시트웨항과 차우퓨 석유 터미널을 통제하는데, 이곳에서 각각 2015년 1월과 2014년 7월에 운영에 들어간 771킬로미터 길이의 송유관과 가스관이 시작된다. 이 송유관과 가스관은 미얀마와의 접경지인 중국 윈난성에 에너지를 공급한다.

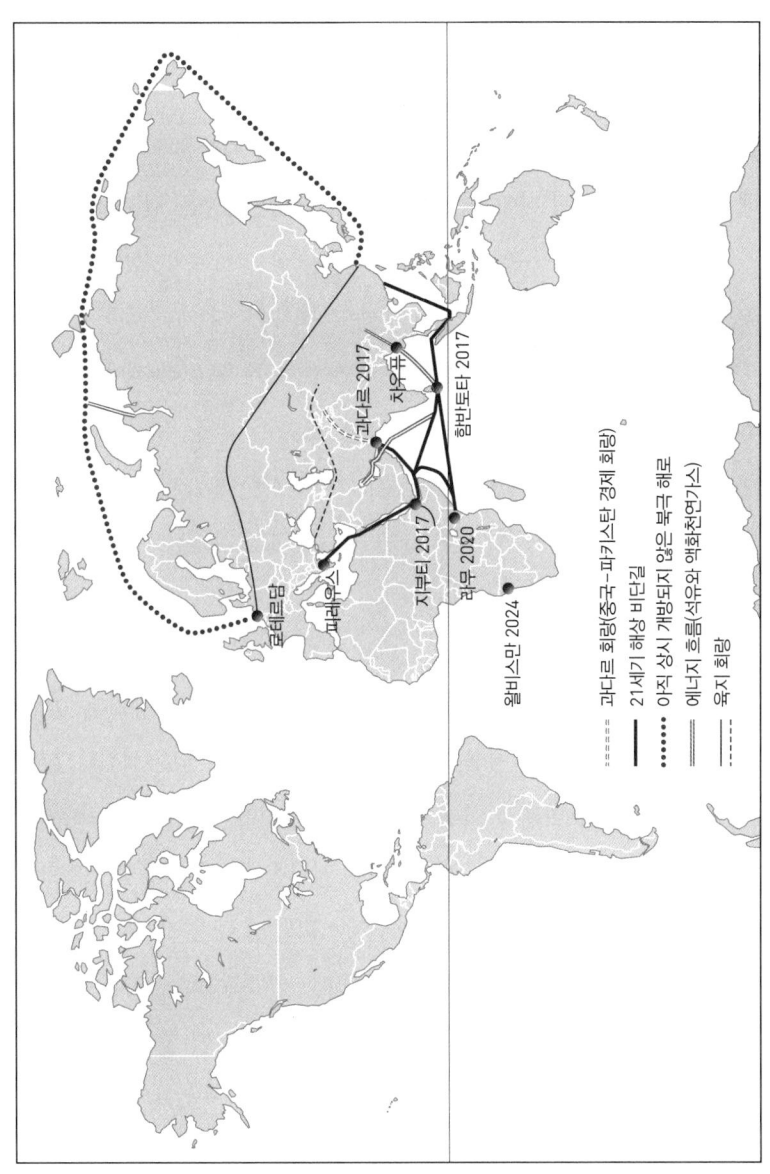

일대일로와 21세기 해상 비단길

중국의 북극 정책

1860년 톈진 조약으로 아무르강 하구에 펼쳐진 지역을 러시아에 할양해 태평양으로 직접 나아가는 접근로를 상실한 영향은 뒤늦게 20세기가 되어서야 나타났다.[16](아편전쟁의 결과로 중국이 러시아를 비롯한 서양 열강과 톈진 조약을 체결한 해는 1858년이고, 1860년에는 베이징 조약을 체결했다. 아무르강 유역의 땅을 러시아에 할양하기 시작한 것은 1858년 아이훈 조약 때부터이고, 베이징 조약으로 연해주 지역 전체를 러시아에 할양했다—옮긴이) 그 후 중국은 북쪽 해로로 유라시아 대륙을 돌아가려면 자국이 통제하지 못하는 제1도련선의 해협 중 하나를 통과해 얼어붙은 북극해의 동쪽 관문인 베링 해협으로 접근해야 한다.

블라디보스토크(한자로 해삼위(海參崴))라는 도시는 러시아의 군사 전진기지로 1860년 7월 2일에 건설되었다. 1872년에 태평양의 주요 해군 기지가 이곳으로 이전했고, 이는 시베리아 횡단철도 연결과 함께 이 도시의 성장에 박차를 가했다. 이 항구는 동해상에 있지만, 이곳에서 라페루즈 해협을 통해 오호츠크해로 접근할 수 있는데, 오호츠크해는 전적으로 러시아 통제하에 있으면서 태평양으로 열려 있다. 불평등 조약이 없었더라면 태평양 개척에 유리한 이 지리적 위치를 이용하는 것은 아마도 중국이었을 것이다. 가능성이 있다면 중국이 이 지방을 되찾으려고 할 소지도 있다. 먼 미래에 위험을 최소화해 이곳을 획득할 가능성이 있을 때 조금씩 이곳의 통일로 나아가려고 남겨놓았을 가능성이 매우 높다. 기후온난화와 함께 빙하가 녹아 북동항로가 점차 열리면서 이 경로는 점점 더 매력적으로 다가온다.

중국은 북극해 연안 국가가 아니지만 일찍부터 북극 문제 관리에 관여했다. 중국은 2018년에 발간한 《중국의 북극 정책》이라는 백서에서 중국이 모든 대륙의 많은 국가처럼 1925년 스피츠베르겐(Spitzbergen) 조약의 서명국이었다는 점을 상기시킨다. 그전까지 사람이 살지 않던 이 땅은 관심을 끌지 못했다. 광물 개발이 스피츠베르겐 제도의 주요 경제 부문이 되고 나서야 행정과 입법의 필요성을 느끼게 되었다. 스피츠베르겐 조약은 1920년 2월 9일 베르사유에서 체결되었고, 1925년 8월 14일에 발효되어 '스발바르(Svalbard)법'이라는 이름으로 노르웨이 법률에 통합되었다. 그 시기에 중국은 바다 문제에 관심을 별로 표명하지 않았다. 따라서 자국에 아주 생소한 조약의 서명국이 되기로 선택한 것은 북극에 대한 진정한 관심의 표명이라기보다는 존재감을 드러내려는 의지였을 가능성이 많다. 그런데 이 조약은 제1차 세계대전을 종결하는 회담 도중에 논의되었고, 이 회담에서 중국은 아주 나쁜 대우를 받았다. 그렇지만 스피츠베르겐 제도는 대륙의 다른 부분들처럼 노르웨이의 일부가 되지 못했다. 이 조약은 위협을 가할 위험이 없다면 정착하고자 하는 사람들에게 흥미로운 여러 기본 조건을 규정하고 있다. 모든 서명국의 시민은(중국도 여기에 해당한다) 이 제도에 자유롭게 드나들 수 있고, 경제 활동을 영위할 권리가 있다. 끝으로 이 제도는 비무장 지대로 남아 있다.

북극에 대한 중국의 관심은 해양 세계로 문을 연 후에 되살아났다. 1988년에 중국 과학원은 북극과 남극에 관련된 문제만 다루고 3개월마다 발간하는 새로운 학술지[《극지 연구(Chinese Journal of Polar Research)》]를 창간했다. 그다음 해에는 상하이에 중국극지연구소가 설립되었다. 3년 후, 첫 번째 5개년 과학연구 프로그램이 독일의 킬 대학 및 브레멘 대학과의 협력으로 북극에서 개시되었다.

쇄빙선

중국은 쇄빙선을 보유하기로 결정하고, 1994년에 우크라이나에서 배수량 2만 1250톤의 과학연구용 쇄빙선 쉐룽(雪龍)호를 구입해 1999년부터 북극에서 10여 차례 과학 탐사를 수행했다. 늘 그랬듯이 중국은 과학 연구를 이중적으로 접근해, 자국 근해는 얼음으로 전혀 덮이지 않았는데도 2016년 1월 5일 군사용 쇄빙선 하이빙 722호를 현역에 배치했다. 이 배는 북극해와 남극해에서만 의미가 있다.

2016년 말, 중국국가원자력공사와 중국선박공사는 핵추진 시추선을 건조할 목적으로 협력 협정에 서명했다(이 시추선은 우선은 남중국해용이지만, 극한 지역에서도 활용될 수 있을 것이다). 중국은 2024년 현재 3척의 연구용 쇄빙선을 보유하고 있다. 세 번째 쇄빙선인 지디호는 배수량이 5600톤이고, 1년차 빙하라는 조건에서 여름과 가을에만 운항할 수 있다. 네 번째 쇄빙선 탄수오산하오호는 극지등급(Polar Class: 국제선급협회가 선박에 부여하는 등급으로, 모든 극지에서 연중 운항 가능한 1등급에서 1년차 빙하에서 여름과 가을에만 운항 가능한 7등급까지 있다─옮긴이) 4등급으로 2025년 운항에 들어갈 텐데, 배수량은 9200톤이다.

북극 문제에 관여하는 중국

중국은 극지 분야에서 아주 활발한 활동을 펼칠 것이며, 연안국들이 때로는 너무 침범한다고 평가할 정도로 교류를 늘리고 있다.

1996년, 중국은 국제북극과학위원회의 회원국이 되면서 이 지역에 대한 관심을 표명했다.

2004년, 중국은 스발바르법에 따라 스피츠베르겐 제도의 뉘올레순에 북극황하연구기지를 건설했다. 그곳에는 대기화학, 빙하학, 지질 및 생물다양성을 연구하는 유럽과 아시아 국가들(중국·한국·인도·일본·노르웨이·영국·독일·이탈리아·프랑스)의 모임인 국제북극연구소도 있다. 2005년, 중국은 북극 문제에 대한 고위급 회담인 '북극 과학 정상회담 주간'을 개최한 최초의 아시아 국가가 되었다. 2010년, 중국과 미국은 해양법과 극지 문제에 대한 양자 교류를 위한 대화 기구를 발족했다. 2년 후, 중국과 아이슬란드는 북극 협력에 관한 기본 협정에 서명했는데, 이는 중국과 북극 국가가 북극 문제에 대해 체결한 최초의 정부간 협약이다.

2013년, 중국은 북극에서 외교 활동을 강화해 4월에 아이슬란드와 자유무역협정을 체결했는데, 이는 이 분야에서 유럽 국가와 체결한 최초의 협정이다. 중국은 러시아와 북극 문제에 대한 회담을 열었다. 특히 같은 해에 스웨덴 키루나에서 열린 8차 북극이사회(Arctic Council)에서 중국은 인도·이탈리아·싱가포르·한국·일본과 함께 이 이사회의 상임 참관국으로 인정되었다. 유럽연합의 가입 신청은 2009년부터 캐나다와 대립하고 있는 무역 분쟁을 이유로 거부되었다.[17] 중국의 관심사는 해상 무역로를 개척할 기회, 그린란드의 에너지 자원을 얻을 가능성 등 다양하지만, 특히 그린란드 지하에 대량으로 묻혀 있는 희토류를 비롯한 전략 금속에 접근할 가능성이다. 크바네펠트(Kvanefjeld) 광산에는 전 세계 희토류의 20퍼센트인 660만 톤이 매장된 것으로 추정된다.

중국은 영국 및 프랑스와 해양법과 극지 문제에 대해 양자 회담을 추진했고, 2016년에 중국·일본·한국은 북극에서 국제 협력에 관한 정책과 실천, 경험의 교류를 촉진하기 위해 북극 문제에 대한 고위급 3자 대화를 발족했다. 2017년 말에 중국은 북극해에서 여덟 차례 과학 탐사를 실시했고, 북극황하연구기지를 기반으로 14년간 북극해에서 연구를 수행했다.

북극을 관통하는 잠재적 노선은 유라시아 대륙을 돌아가는 북동항로, 북아메리카 대륙을 돌아가는 북서항로, 북극 중앙을 지나는 북극해항로 세 가지가 있다. 중국에게 이 항로들은 인도양과 수에즈 운하를 통과해 유럽의 주요 시장에 다다르는 현재 해양로들에 비해 더 짧고 더 싼 대안이다. 2017년 6월, 중국 국가해양국은 블루 경제 통로가 북극해를 경유해 유럽까지 예정되어 있다고 발표했다. 2018년 1월 26일, 《중국의 북극 정책》이라는 백서는 중국이 북극 국가들과 공동의 이해관계가 있고 그 국가들과 미래를 공유한다는 점을 강조했다.

북극에 대한 중국의 이런 강한 관심은 너무 앞서 나가 북극 연안국들이 우려할 정도인데, 그 전면에 있는 러시아는 광대한 영토의 불리한 위치 때문에 할 수 없었던 해상 무역을 발전시키려고 오래전부터 항상 따뜻한 바다에 이르려고 애써왔다. 이제 바다가 따뜻해지자 러시아는 대륙붕의 많은 부분에 대한 권한을 주장하기 위해 북극해의 일부를 지배하고 싶어 한다.

2007년 8월 2일, 과학선 아카데미크페도로프(Akademik Fedorov)호에서 출발한 2척의 잠수정 미르(Mir)1과 미르(Mir)2가 북극점에서 해저 4200미터에 러시아 국기를 꽂았을 때, 러시아는 상징적으로 그 일부를 소유했다고 할 수 있다. 러시아는 북극해 해저의 일부가 대륙붕의 연장임을 증명하고 싶어 하는데, 그렇게 되면 러시아의 해양 영역은 상당히 확장될 것이다. 2015년 8월 4일, 러시아는 대륙붕에 대한 국가들의 권리 주장 서류 검토를 담당하는 유엔 기구인 '대륙붕 한계 위원회(Commission on the Limits of the Continental Shelf, CLCS)'에 새로운 요청을 했는데(첫 요청은 2001년으로 거슬러올라간다), 북극에서 석유와 가스가 대량으로 매장된 광활한 지역에 대한 권리를 주장했다.

대륙붕 한계 위원회는 2023년 2월 6일 북극권에서 170만 제곱킬로미터에 대한 러시아의 주장을 승인했다. 일주일 후, 러시아는 북극에서 추가적으로 30만 제곱킬로미터에 대한 주권을 얻으려고 대륙붕 한계 위원회에 새로운 과학 증거를 제시했다. 러시아는 첫 번째 결정을 인가하기 전에 러시아가 전적으로 옳다고 대륙붕 한계 위원회가 인정할 때까지 기다리려고 했다.

이런 러시아의 관심은 다른 연안국들도 북극 대륙붕 확보 경쟁에 뛰어들게 해, 캐나다도 2013년 12월 6일 북극점에 대한 지배력을 주장했고, 그린란드·덴마크·캐나다는 경쟁적으로 자국 영역의 확장을 요구했다.

러시아는 북극해 해저 개발 승인을 기다리면서 베링 해협부터 콜라반도까지 자국 해안을 따라가는 해상 교통을 통제하고 싶어 한다. 러시아는 냉전 시대에 북극해에 설치해놓은 군사 기지들을 재무장했는데, 연안에는 주민이 거의 없기 때문에 이 기지들은 이 긴 항로에서 수색과 구난 기능을 유일하게 감당할 수 있다. 러시아는 이 업무에 대한 보상을 원하고 이 일을 조직적으로 관리하려 하며, 중국은 물론 이를 바라지 않는다. 일대일로의 틀 안에서 두 당사국에 유리한 동반자 관계를 합의할 수 없다면, 기후가 온난해지고 모든 선박 통행이 가능해질 때 두 전제주의 국가의 갈등은 격화될 수도 있다.

중국은 모든 당사국과 협력해 항로에 대한 과학 연구를 수행하고 감시 기지와 육상 구조 기지를 설치하며, 북극에서 기후와 환경 변화 연구를 수행하고 항해를 돕기 위해 기상 예보를 제공할 의향이 있다. 중국은 해상 운송 조건을 개선하고 중국 기업들이 북극항로의 상업적 사용에 참여하도록 장려하기 위해 북극 연안국들이 펼치는 노력을 지지한다. 또한 중국은 관련국들과 협력해 북극 지역의 잠재적 자원에 대한 연구를 수행하고, 청정에너지 분야에서 북극 국가들과 협력을 강화할 준비가 되어 있다. 중국 기업들에겐 책임감 있게 북극 자원의 지속가능한 개발에 참여하라고 장려한다. 아울러 중국은 북극 관련 국제 기구들의 행사에도 적극적으로 참여하고 있다.

2013년 8월, 중국극지연구소를 인용한 〈차이나 데일리(China Daily)〉에 따르면, 중국 무역은 2020년까지 7조 6000만 달러(5조 6780만 유로)로 증가할 수 있을 것이다. 그 신문이 인용한 분석가는 중국 무역의 10퍼센트가 북극을 통과한다면, 북극항로로 얻을 수 있는 거리·시간·연료·임금의 혜택으로 약 7000만 달러를 절약할 것이라고 추산했다. 그 신문은 또한 중국 무역의 90퍼센트가 바다를 통해 이루어지며, 미국이 관세 장벽을 높인 후부터 유럽은 가장 유망한 무역 동반자임을 상기시켰다.

북극항로 개발의 시작

다목적 화물선인 용생호는 길이 160미터, 배수량 1만 9000톤의 화물선으로 2013년에 북동항로로 진출한 첫 화물선이다. 2015년 가을에 이 화물선은 다롄에서 출항해 바다에서 35일을 보낸 후 로테르담에 도착했고, 55일에 걸쳐 중국과 유럽을 왕복했다. 코스코 해운의 다른 두 화물선 천시호와 샹윈코우호도 2016년 8월에 북극해를 통과했다.

같은 해 봄에 중국은 북서항로에도 관심을 가졌는데, 이 항로는 캐나다가 자국 영해의 일부로 간주하고 있다. 어쨌든 중국 해상안전관리국은 2016년 5월에 북서항로의 해도와 빙하 상태에 대한 설명을 포함한 편람을 발간해 중국 선박들이 그 항로를 지나도록 독려했다.

북극 해역에서 항해하는 데 따른 문제점은 빙산이 부서져 있다고 하더라도 선체를 보강해두지 않으면 선박이 빨리 항해하는 만큼 얼음에 찢길 위험이 크다는 것이다. 따라서 빙하가 완전히 사라지지 않는 한, 항해는 이런 환경에 맞게 특수 설계되고 그래서 건조 비용도 더 비싼 선박에 한정된다. 따라서 화물은 높은 부가가치를 가져야 한다. 야말(Yamal) LNG(액화천연가스) 프로젝트와 아크틱(Arctic) LNG2 프로젝트에서 LNG 열차와 연결되는 액화천연가스 수송선들이 이런 경우다.

크리스토프드마르주리(Christophe de Margerie: 2014년 모스크바 공항에서 항공기 사고로 사망한 프랑스 정유회사 토탈(Total)의 최고경영자 이름)호는 북극항로로 취항한 최초의 특급(아크 7쇄빙급) 액화천연가스 수송선이다. 천연가스를 추출하고 액화해서 운반하는 러시아의 야말 LNG와 아크틱 LNG2 프로젝트와 연결하기 위해 특수 건조된 이 선박은 2017년 8월에 쇄빙선의 도움 없이 노르웨이와 한국을 이어주었는데, 수에즈 운하를 통과하는 노선보다 시간을 30퍼센트 절감했다.

2018년 7월, 야말 프로젝트가 운영되기 시작하고 7개월 후에 야말에서 출발한 첫 화물이 장쑤성의 난통에 도착했다.

북극해에서 중국의 프로젝트

중국의 '북극 비단길' 프로젝트 가운에 야말 LNG 프로젝트는 세계 최대의 액화천연가스 사업이다. 1년에 9개월이 얼고, 밤이 3개월 동안 지속되며, 기온이 영하 40도 이하로 종종 내려가는 러시아 북부의 거친 지역인 카라해의 야말 반도에 천연가스 액화 공장이 2013년부터 건설되었다. 프로젝트를 운영하는 러시아 제1의 민영 가스회사 노바테크(Novatek, 50.1퍼센트), 중국 석유천연가스공사(20퍼센트), 중국 비단길 기금(9퍼센트), 그리고 완공 후 사업 관리를 담당하게 될 토탈(20퍼센트)이 야말 LNG 사업을 위해 모였다. 목표는 200군데 이상의 가스정을 시추하고, 15척의 액화천연가스 쇄빙 수송선과 연결될 3대의 LNG 열차 공장을 건설하는 것이다.

토탈은 야말 LNG에서 가까운 기단 반도의 아크틱 LNG2 건설에도 참여했다. 이 프랑스 회사는 2023년에 개발에 들어가야 했지만, 우크라이나 침공 후 러시아에 가해진 제재로 인해 철수해야 했다.

2018년 5월 25일, 블라디미르 푸틴 대통령과 에마뉘엘 마크롱 대통령이 참석한 가운데 토탈은 오비만에서 액화천연가스 수출 인프라를 건설하는 다음 단계에 10퍼센트 참여한다는 협정을 러시아 기업 노바테크와 체결했었다.

러시아에서 가장 큰 액화천연가스 생산 기업인 노바테크는 제재와 액화천연가스 수송선 부족을 이유로 아크틱 LNG2 프로젝트를 중단했다. 이 프로젝트는 두 번째로 큰 규모의 액화 사업으로 중국의 석유천연가스공사와 해양석유총공사도 참여했다. 이 사업은 2024년 1/4분기에 상업용 인도를 시작하기로 되어 있었다.

천연가스 액화를 중단한다는 결정은 2030~2035년 세계 액화천연가스 시장의 5분의 1을 차지하겠다는 러시아의 목표에 타격을 주었다.

그렇지만 기술적으로 좀 덜 복잡한 프로젝트가 뒤를 이었다. 2024년 6월 6일, 상트페테르부르크에서 러시아 국제경제 포럼이 열렸을 때, 러시아의 원자력 기업 로사톰(Rosatom)[18]은 중국의 한 해운회사와 양해각서를 체결하고 2027년까지 두 나라 사이에 북극항로를 통해 1년 내내 열리는 컨테이너 노선을 구축하기로 했다.

푸틴 대통령은 우크라이나 분쟁과 관련된 서방의 제재에 대응해 러시아의 무역을 동쪽으로 돌리면서 북극 회랑의 전망을 환기시켰다. 로사톰은 중국의 하이난 양푸 뉴뉴(NewNew) 해운회사와 합의해 컨테이너선 설계와 건조, 그리고 항로의 공동 개척을 위한 합작회사 설립을 발표했다.

중국은 금융 중심지 배후의 경제특구를 우선시하는 전형적인 방식으로 해상 무역 개방을 추진했다. 경제특구는 민감하게 반응하고 효율적인 산업 배후지를 보유한 대규모 항구 주변에 만들었다. 무역의 발전은 환상적이었다. 처음에는 거대 시장이지만 최종 제품의 질이 낮아서 아직은 경쟁자가 되지 못하는 이 나라에 어떤 경제 대국도 반대하지 않았다. 중국 제품들은 일정 단계에 올라선 오늘날에도 여전히 경쟁력을 갖추고 있다.

동시에 중국은 배후지 개발에 적합하고 중국 항구들과 마찬가지로 엄격하게 조직된 해상 터미널들에 의지하면서 가장 유망한 시장들로 향하는 해로들을 구축했다. 이를 위해 저개발국가와 '윈윈'하는 합의를 한다는 구실로 공산당 지령을 따르는 중국 회사들이 대주주가 되면서, 또한 장기 임대차 계약으로 가장 약한 나라들을 속박하는 채무의 덫이라는 수단을 이용해 이 해상 터미널들의 지배권을 장악했다. 이 모든 항구가 앞에서 언급한 그 유명한 '진주 목걸이'를 구성해 해군 강대국의 기지들처럼 통합적이고 효율적인 물류망이 된다. 이중적인 활동을 하는 이 항구들은 중국의 이익을 보호하는 책임을 진 중국 해군의 사실상의 거점이다. 해외에 진출하는 중국 기업은 어디서든 우선 화교와 손을 잡는데, 이는 업무 관계를 간소하게 하지만 현지 일자리는 전혀 또는 거의 창출하지 않는다. 겉으로 균형을 내세우는 이 과정에서 유치 국가의 비중은 끊임없이 감소한다.

중국은 해상 수송을 우선시하면서 경제 발전을 추구하는데, 중국 무역의 90퍼센트는 바다를 통해 이루어지고, 유럽은 현재 중국 제1의 무역 상대다.

'일대일로'는 경제를 활성화했지만, 제2차 세계대전 후에 등장한 경제 조직의 대안으로 점진적으로, 그리고 한층 더 공격적으로 자리를 잡으면서 자유경제 국가들과 중국해 연안국들의 우려와 거부 현상을 야기하기도 한다. 그래서 이러한 비약적인 무역 발전과 함께 점점 더 노골적으로 군비 경쟁이 심화되고 있다.

중국 해군의 탄생과 경이로운 발전

★

전함이 가장 훌륭한 외교관이다.　　　　　　　　－올리버 크롬웰(Oliver Cromwell)

항공모함 1척이 수십만 톤의 외교다.　　　　　　－헨리 키신저(Henry Kissinger)

항공모함이 없다면 나는 눈을 감고 죽지 못할 것이다. 중국 해군은 항공모함을 건조해야 한다.
　　　　　　　　　　　　　　　　　　　　　　　　　　　　　－류화칭(劉華淸)

샤오진광은 1950년에서 1980년까지 인민해방군 해군을 지휘했고, 인민해방군 해군 역사에서 유일하게 대장 계급을 달았다. 예페이 제독이 그를 이어받아 2년의 막간 기간을 거친 후 1982년부터 5년 동안 이 직위를 차지한 사람은 류화칭 제독이다. '현대 중국 해군의 아버지'로 불리는 류화칭은 중국 해군에 대양 차원의 중요성을 과감하게 부여하면서 중국 국방의 균형을 조금씩 바꿔나갔다. 마오쩌둥과 함께 대장정에 참여한 핵심 간부 출신의 모든 지도자가 그렇듯 원래 육군이었던 류화칭은 36세에 해군에 합류했다. 그는 소련의 보로실로프 해군학교에서 4년 과정을 이수하고 재빨리 요직에 올랐다. 해운 산업 재편에서 중요한 역할을 했을 뿐 아니라 1986년에 당시 시행되던 '연안 방어'와는 완전히 결별하는 '대양 방어'라는 해군 전략을 개발했다. 이 점에서 그는 1956~1982년 소련 해군을 지휘해 대양의 가공할 만한 군대로 만든 고르시코프 제독[1]의 업적에 크게 영향을 받았다.

우선 그는 '적극적 근해 방어(積極的近海防禦, 영어로는 'active green water defense')'라는 구호를 구상했다. 공식 영어 번역에서 '근해(近海)'를 '연해(coastal waters)'로 잘못 번역했는데, 이는 중국이 추구하는 범위의 중요성을 다소간 오도한다. 사실 중국인에게 근해는 남중국해와 동중국해 대부분을 포함하는 개념이다. 그래서 이 새로운 개념은 중국 해군사상에서 중요한 공간적 도약이었다.

류화칭에 따르면, 중국 항구들에 가해지는 잠재적 위협과 무역 흐름 중단을 초래할 수도 있는 재난적 결과에 대비하려면, 종심 방어(defense in depth)가 필수적이어서 해군은 공식적인 해상 경계를 넘어서 방어선을 가능한 한 멀리 확장해야 한다. 그런데 중국은 해군 기지도 전방 비행장도 보유하고 있지 않다. 그래서 그는 이를 획득해야 한다고 보았다. 전함의 경우 류화칭은 자신에 앞서 소련이 그랬던 것처럼 원양에서 항해할 수 있고 자율 제어, 전자공학, 미사일, 핵추진 등 첨단 기술을 대폭 도입한 함선으로 눈을 돌렸다.

그는 새로운 해군에 부여할 두 유형의 임무를 구상했는데, 해양 또는 육지의 목표물에 전략적 범위에서 해군 단독으로 개입하는 것과 육해공 연합 작전에 참여하는 것이다.[2] 이를 위해서 해군은 한정된 기간 동안 지역을 통제할 수 있을 것, 통신로를 효과적으로 방어할 수 있을 것, 중국이 주장하는 해역을 방어할 수 있을 것, 그리고 신뢰할 만한 억제 능력을 발휘할 것 등 네 가지 역량을 획득해야 했다.

류화칭은 이 목표에 도달하기 위해 3개 목표 연도를 설정했다.

2000년: 해군은 제1도련선 안의 해역(황해·동중국해·남중국해)을 통제할 수 있어야 한다.

2020년: 해군은 이 통제 영역을 일본에서부터 이오섬과 괌, 팔라우를 거쳐 인도네시아에 이르는 제2도련선까지 확장해야 한다.

2049년: 중국은 세계 어디든 개입할 수 있는 해군을 보유해야 한다.

자국의 경제 발전은 세계와의 무역 개방으로 가능하다는 것을 이해한 중국 지도자들이 1978년에 결정한 새로운 정책에 이 해군 전략은 도움이 되었다. 지정학적 돌발 상황을 억제하려면 무역은 주로 자국 항구를 매개로 해야 하고, 항구로의 접근을 해군력으로 보장해야 하기 때문이다.

앞에서 보았듯이, 중국은 식량 자급자족과 마찬가지로 경제 성장에 필요한 원료가 부족하고, 또한 발전은 일정 부분 해외에 달려 있다. 지정학적 섬인 중국은 2만 2000킬로미터에 달하는 육상 국경에서 신뢰할 만한 동맹국이 없다.[3] 그래서 1만 8000킬로미터에 이르는 해안이 외부 세계로 향하는 유일한 출구다. 그렇지만 중국의 해상 교역 대부분은 중국이 통제하지 않는 해협들을 통과한다. 싱가포르에서 한국에 이르는 이 제1도련선은 중국 항구들의 해양 접근로인 남중국해와 동중국해, 황해를 옥죄는 진정한 '근해의 족쇄'다. 이 족쇄를 닫아 중국 항구에서 나가고 들어오는 모든 흐름을 막을 수 있다.

이 족쇄에는 두 개의 주요 빗장이 있다. 하나는 인도네시아와 말레이시아 사이의 말라카 해협이고, 다른 하나는 바시 해협과 미야코 해

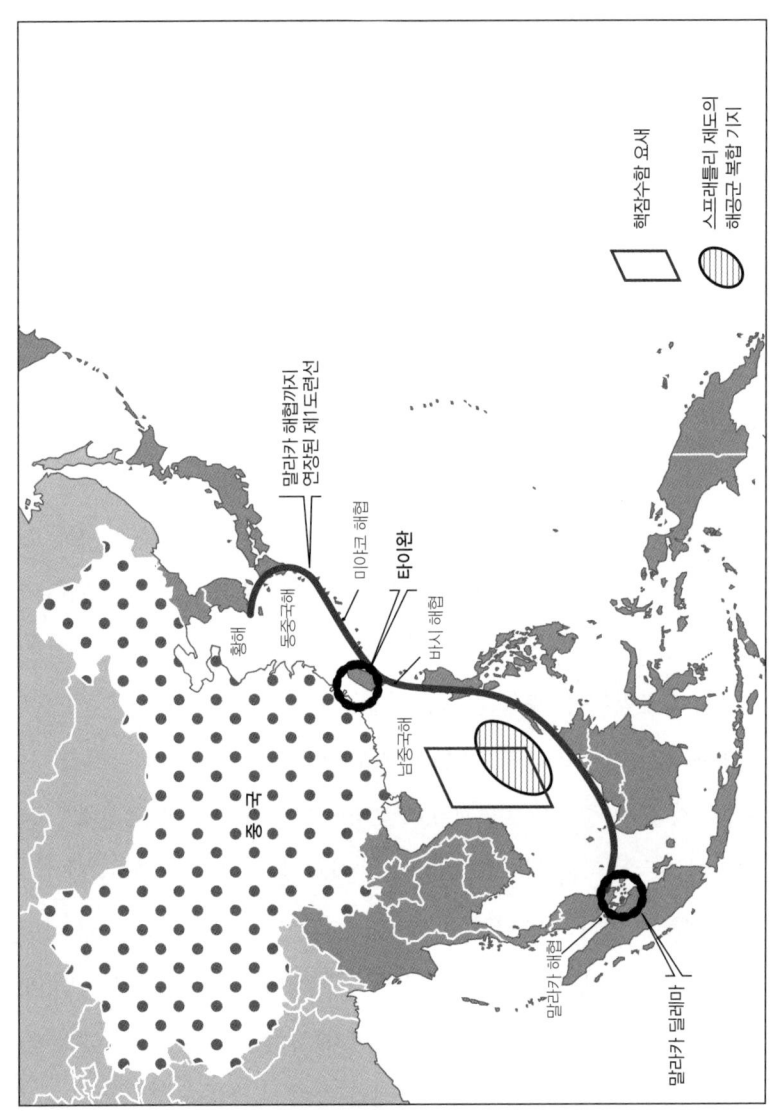

중국 근해의 족쇄와 빗장

협의 관문인 타이완이다. 오늘날 말라카 해협은 인도네시아의 순다 해협과 롬복 해협과 함께 중국 경제 발전의 핵심이다. 이런 사실은 북극의 북동항로가 유럽으로의 해운에 대폭 개방될 때까지 변함없을 것이다. 그때가 되면 북극해와의 연결고리로서 태평양으로 접근할 수 있는 해협들이 더욱 중요해질 것이다.

마지막으로 중국은 남태평양에 전략적인 해양 공간이 없다. 중국은 지부티를 제외하면 해군의 모든 기지가 근해에 위치해 있어서 남태평양에서는 엄청난 해군의 야심에 걸맞은 진출을 전혀 하지 못했고, 그래서 잠재적인 적들이 '족쇄'의 빗장을 걸 경우 해군 기지들은 봉쇄될 수 있다.

근해의 지배와 세계 대양의 통제

중국의 해양력은 바다에서 행사하는 무력 전체를 포함한다. 즉 해군과 여타 해상 군사력이다. 이 해상 군사력의 구성은 1978년부터 진화해 왔는데, 현재는 주로 해상 민병대와 해경으로 이루어진다. 중앙 권력이 이들을 전적으로 통제하며 그 활동 역량은 시진핑의 지시로 발전해왔다. 중국이 해양 문제에 접근할 때, 이들은 중앙 권력이 선호하는 행동 수단이 되었다.

마오쩌둥이 원했던 중국 해군, 즉 인민해방군 해군은 무엇보다 해안 방어와 국민당이 통제하는 섬들의 수복이 목적이었다.

마오쩌둥이 사망했을 때, 인민해방군 해군은 거의 전체가 소규모의 낡은 함선들로 구성되어 원양에서 군사 작전을 펼 수 없었다. 그래서 1950년대 초에 중국의 연안 해역을 급습하는 국민당군은 주요한 도전이었다.

해상 민병대

중국 지도자들은 이런 위협에 대처하기 위해 육지에 이미 존재하던 것을 모방해 민병대, 이 경우에는 해상 민병대를 창설하면 단순하고 빠르게 이 문제를 해결할 수 있으리라 생각했다. 사실 중국에는 공산당이 집권하기 전에 이미 이런 민병대가 있었지만, 공산당은 이를 체계화했다. 공산당은 민병대에 공적 기능을 부여했고 훈련 체계를 조직화했다. 민병대를 지방의 잡다한 부대에서 전국 수준의 통합적인 군사력으로 변모시켜 새 정권을 지키는 데 쓰기 위해서였다. 시진핑이 권좌에 오르면서 민병대는 스프래틀리 제도의 암초들을 조금씩 통제하려는 전략에서 중국이 선호하는 해양 수단이 될 정도로 빠르게 비중을 키웠다.

 2024년 현재 이 민병대는 하이난에 기지를 두고 스프래틀리 제도를 통제하고자 건조한 선박을 보유한 직업 부대, 그리고 보조금을 받는 어선들로 구성되어 부차적으로 방위 임무도 수행하는 '스프래틀리 중추 선단'을 포함한다.

해경

2013년, 중국에는 아주 많은 수의 중소형 무장 선박을 보유한 대규모 민간 해양 기관이 5개 있었다. 그 기관들은 각기 다른 모집단의 통제를 받아 '바다의 관할권을 다투는 다섯 용〔오룡쟁해(五龍爭海)〕'이라는 별명을 얻을 정도였다. 오룡 중 다음 네 기관은 국가해양국과 그 주무부처인 국토자원부 내로 통합되었다.

- 중국 해상감시국(이전에 국가해양국 산하)
- 변방해경(원래 공안부 산하)
- 중국어업국(원래 농업농촌부 산하)
- 해관총서(원래 국무원 산하)

2013년 7월 9일, 이 네 기관을 통합해 새로운 해안 경비대 조직인 중국 해경국을 창설했다. 이렇게 통합된 기관들은 지위 변화와 함께 무기를 보유할 수 있었는데, 이전에는 그렇지 않았다. 다섯 번째 용인 해사국은 교통운수부 산하에 그대로 남았다.

중국의 새로운 실력자 시진핑이 추구한 목표는 자국의 주권을 수호하고 해양에서의 권익을 지키는 데 자국에 필요한 것을 충족하는 것이었다. 당시에 중국의 주장으로 인해 악화된 해양 분쟁 때문에 일본과 베트남, 한국의 어부 및 해상 경비대와 사고가 잦았다. 이 분쟁국들이 예기치 못한 치안 문제로 전함을 투입할 위험 때문에 무력 분쟁으로 비화할 우려가 있었다.

이런 유형의 충돌이 2013년 1월 30일 실제로 발생했다. 어부들 사이에 실랑이가 있던 중에 중국의 프리깃함 1척이 일본 전함에 사격 유도 레이저를 비추었던 것이다. 중국 배의 이런 행동은 공격 신호로 간주되기에 충분했다. 일본 지휘관은 냉정함을 잃지 않고 과잉반응하지 않았다. 일본 정부는 중국 정부에 공식 항의했고, 중국 정부는 일본이 "중국의 이미지에 먹칠"을 하려 한다고 비난했다. 몇 달 후 중국이 해상 경비대를 창설하고, 분쟁 대상이 되는 해역에서 어부들이나 민병대의 충돌이 있을 때⁴ 반드시 필요한 경우 개입할 준비를 하면서도 관망 자세를 취하면서 양측에서 전함을 철수하거나 아니면 적어도 철수 상태를 유지하게 된 이유 중 하나가 이 사건일 가능성도 있다. 2018년 7월 1일, 중국 해경국은 중앙군사위원회의 통솔하에 들어갔고, 이로써 해경국은 공식적으로 군대 지위에 가까워졌다.

그 전주에 열린 전국인민대표대회(전인대)는 해경국이 인민의 무장 경찰력에 통합되는 것을 승인했다. 2018년 1월부터 이미 이 군사 경찰 조직은 시진핑 주석이 주관하는 기관인 중앙군사위원회에 직접 소속되어 있었다. 재편성을 승인하는 문서에 따르면, 이 조치는 "인민해방군과 기타 군사력에 대한 공산당의 절대적 지도력을 완전히 실현하기 위해" 필요한 조치였다.

2018년 6월, 해경국에는 법 적용에서 민간 기구들과 유사한 권리가 부여되었다. 정치 권력의 엄격한 통제하에 들어간 해경의 선박들은 그 후 소구경 대포로 무장할 수 있었고, 승조원들도 무기를 지닐 수 있었다. 류화칭 제독이 구상한 해양 전략의 첫 번째 단계는 지체되었지만 중요성이 없지는 않아서, 장기적으로 점진적인 접근을 선호하는 중국은 공산당이 중국에서 권력을 장악한 지 100주년이 되는 2049년에 세계 최고의 해군을 확립하려고 한다. 중국은 진정한 목표를 은폐하는 모호성을 유지하면서 갈등 위험을 피하려고 근해, 더 정확하게 말하자면 앞에서 언급한 10단선으로 획정해 중국이 권리를 주장하는 해역에서 해상 민병대를 우선적으로 활용한다. 이 해상 민병대는 어부들의 저항 의사를 잠재우기 위해, 그리고 분쟁 수역에서 암초들을 차지하기 위해 수백 척의 배가 떼로 모여 동시에 활동한다. 상대국들이 무기를 사용하지 않고 그런 활동을 막기는 어려운데, '민간' 선박을 향한 무기 사용은 애초에 배제된다. 이런 식으로 중국은 암초를 차지해 해경으로 접근을 막고 암초를 매립해 섬으로 만들어 영해를 주장하는데, 해양법에 따르면 인공섬에는 그런 권리가 없다. 이 전략을 비방하는 사람들은 반어적으로 '모래 만리장성'이라 부르는데, 아마도 그 전략의 진정한 의도를 인지하지는 못했을 것이다. 10여 년이 지난 후, 남중국해를 지배할 수 있는 강력한 해공군 복합 기지가 만들어지고 나서야 그 의도가 드러났다.

마찬가지로 중국은 해경을 활용해 자국의 존재감을 공고히 하고 상대국 해경을 물리친다. 2021년 2월 1일의 법으로 중국 해경은 자국 '관할권'하에 있는 해역에서 중화기도 사용할 수 있게 허용되었다. 그러면서 관할권이라는 용어를 정확하게 규정하지도 않았다. 중국은 2009년에 그런 해역을 10단선으로 획정한 바 있었고, 자칭 역사적 권리라며 자국의 주장을 정당화했지만, 몬테고 베이 협약은 그런 권리를 인정하지 않았다. 중국이 주장하는 해역은 남중국해의 62퍼센트 이상[5]을 망라해 스프래틀리 제도, 파라셀 제도와 함께 타이완과 타이완 해협을 포함한다. 이렇게 획정된 구역은 연안국들의 배타적 경제수역과 중첩되어 그만큼 해상 분쟁이 많이 발생한다. 중국은 자국보다 약한 국가들에 대해 자신의 힘을 과시한다. 지역 최고의 해양 세력이며 유엔 안전보장이사회 거부권을 보유한 핵 강대국과 누가 암초 몇

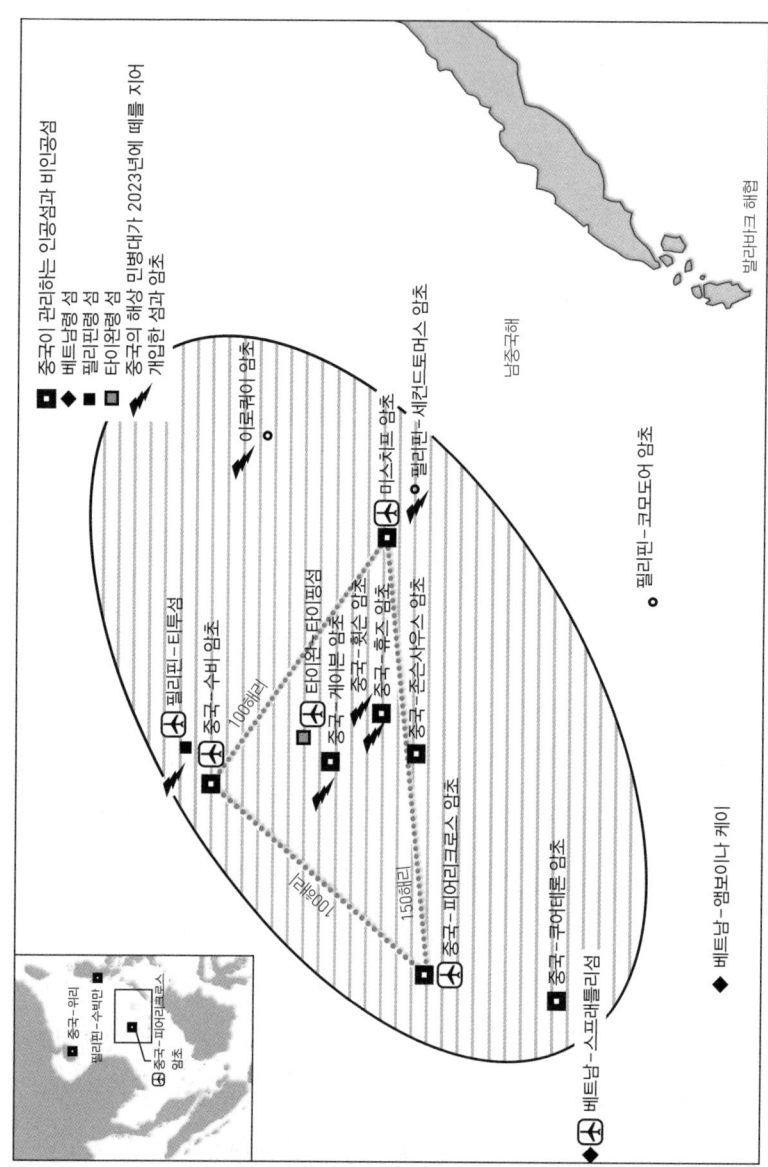

스프래틀리 제도의 중국 해공군 복합 기지

개로 분쟁을 빚으려 하겠는가? 중국 해경은 선박 수나 배수량에서 끊임없이 규모를 키워가며 근해에서 지배적인 국가 행위자로 이렇게 군림하고 있다.

스프래틀리 제도의 거대한 해공군 복합 기지

2024년 현재, 중국은 전진기지를 파라셀 제도—이 제도는 베트남이 프랑스에게서 물려받았지만 1974년에 중국이 무력으로 차지했다—에 20개, 스프래틀리 제도에 7개 보유하고 있다. 또한 중국은 2012년에 점령한 스카버러 암초도 지배한다. 중국은 스카버러 암초에 해경 선박을 상주시키고 있지만 아직 시설물을 건설하지는 않았다.

2013년부터 중국은 스프래틀리 제도에서 전례가 없는 인공섬을 만들기 위한 준설과 간척에 뛰어들어 1300헥타르의 새로운 땅을 조성하고, 파라셀 제도에서도 중국의 존재를 실질적으로 확장했다. 아시아 해양 투명성 이니셔티브(Asia Maritime Transparency Initiative)에 따르면, 이 섬들은 이후 군사화되어 순항미사일에 대비한 방어 시설을 갖추었다.

피어리크로스 암초와 수비 암초는 미스치프 암초와 함께 스프래틀리 제도에서 논란이 되는 7개 인공섬의 일부이고[6] 인민해방군 해군이 점령하고 있다. 지리적으로 남중국해의 중앙 근처에 위치한 이 해공군 기지 세 군데에는 길이 3000미터 이상의 활주로가 있다. 이 기지들은 이중으로 중대한 전략적 중요성이 있다. 이곳을 이용하는 항공기들은 우선 남중국해에서 중국의 핵추진 잠수함들이 순찰하는 전략적 '요새'의 보호에 참여한다. 또한 이 항공기들은 공중 급유를 받지 않고 제

1도련선의 모든 해협에 개입할 수 있다. 이 해협들은 중국의 해상 접근 통로가 되지만 중국이 지배하지 못하며, 그 해협들의 개방을 유지하는 것은 중국 경제에 사활이 걸린 문제다.

상호보완적인 이 해공군 기지들은 서로 가까이 위치해 있고, 중국이 제때 갖출 수 없었던 항공모함의 부득이한 대안이었다. 이 기지들은 가라앉지 않는 장점이 있지만, 고정되어 있다는 단점이 있다. 지리적 위치가 완벽하게 알려져 있어서 예방 공격이나 보복에서 미사일이나 드론의 쉬운 표적이 된다. 그렇지만 이 기지들은 남중국해에서 상시적인 항공 엄호를 제공할 수 있고, 이는 류화칭 제독이 구상한 전략의 1단계 실현에 필수적이다. 스프래틀리 제도의 나머지 암초 4개(쿠어테론·게이븐·휴즈·존슨사우스)는 1988년에 중국이 점령했다. 매립해 인공섬으로 바뀐 이 암초들에는 회전익 항공기만 접근할 수 있는 활주로와 항만 시설밖에는 없다. 이 암초들은 현재 이 해역에서 다양한 해군 부대들에 도움이 되는 해상 병참 거점과 항구뿐만 아니라 헬리콥터를 활용할 수 있는 기지도 제공하면서 중국의 해상력을 보완한다.

중국은 여전히 장기간에 걸친 점진적인 접근을 추구하고 있지만, 자신이 달성하고자 하는 진정한 목표를 은폐하고 있다. 바로 대규모 해공군 복합 기지 조성이다. 우선은 230해리 중 큰 축이 북동 방향인 150해리가량의 타원형에 한정하는데, 태평양 전쟁 시기 일본과 미국이 환초에서 실현했던 것과 유사하다. 이 상호보완적인 지형 전체는 10단선으로 획정된 구역 안에 위치하며, 주로 필리핀과 (또한 베트남과도) 해상 분쟁 대상이다.

방어와 병참, 항공 기지가 산재해 있으면 사실상 남중국해와 남중국

해로 접근하는 해협들을 지배하는 엄청난 수단이 된다. 항공 기지 세 곳의 경우 수비 암초와 피어리크로스 암초 점령도 1988년에 시작되었다. 미스치프 암초는 1995년에야 점령했다. 2016년에는 항공용 활주로 3개가 만들어졌다. 이 세 인공섬은 두 변이 100해리이고 밑변이 150해리인 완벽한 이등변삼각형의 꼭짓점을 이룬다. 이 섬들은 어떤 이유에서든 그중 하나나 둘이 폐쇄되었을 때 서로 대피 비행장 역할을 할 수 있을 만큼 충분히 가깝다. 그리고 이 세 기지 덕분에 세 배 더 많은 항공기가 해공군 복합 기지에서 출격해 개입할 수 있다. 다른 섬들은 이 지역에서 운용하는 해상 수단과 항공기에 제공되는 모든 병참과 정비에 필요한 물품 및 자위용 무기를 적재하는 데 쓰일 수 있다.

복합 기지의 확장은 오직 준군사적 수단을 통해 항상 기정사실화하는 방식으로 이루어진다. 해상 민병대 배들이 2021년에는 휫슨 암초에, 2022년에는 이로쿼이 암초에 떼로 몰려들었다. 35퍼센트 증가한 민병대 배들이 2023년에 남중국해의 주요 지형 주위에서 관측되었다. 이 배들은 2023년에 어느 때보다 활동적이어서 작전 중인 배가 하루 평균 195척이나 되었다.

2024년에 중국의 해공군 복합 기지 범위 내에 위치한 세컨드토머스 암초 주변에서 중국 해경은 물대포, 레이저 빔 등을 사용하면서 점점 더 과격한 충돌을 일으켰다. 이는 필리핀이 자국 해병들에게 보급품을 전달하려는 것을 중국이 방해하면서 발생했다. 필리핀 해병들은 제2차 세계대전 때 그곳에서 좌초한 구식 전차 상륙함 선상에 자국 주권을 표시해 암초를 차지하려고 했다. 충돌을 동반한 외교 접촉은 강경해지고 점점 더 위협적이었다. 2024년 3월 25일, 중국 우첸 국방부

대변인은 저항해도 소용없다면서 다음과 같이 발표했다. "도발은 득보다 해가 될 것이며, 외국의 지원을 구해도 아무 소용 없다는 것을 필리핀은 깨달아야 할 것이다. ……중국은 필리핀의 고의적 행동을 용인하지 않을 것이다." 4월 11일, 미국 바이든 대통령은 "남중국해에서 필리핀 비행기나 선박 또는 군대에 대한 모든 공격은 상호방위조약의 실행을 촉발할 것"이라고 응수했다.

상황은 급격히 악화되었다. 2024년 6월 15일, 중국 당국은 5월 중순에 발표한 새로운 법령을 발효했다. 이 새로운 포고령으로 중국 해경은 '중국의 해역'(10단선 구역을 암시)에 불법적으로 진입했다고 의심되는 모든 외국 선박을 나포할 권한을 가지게 되었다.

같은 날, 필리핀은 팔라완섬 서쪽의 남중국해에서 자국의 대륙붕을 350해리 연장해달라고 유엔에 요청했다. 해당 구역은 '중국의 해공군 복합 기지' 전체를 포함한다.

지도를 보면, 인민해방군 해군의 입장에서는 논란의 대상이 되는 해공군 복합 기지의 범위 안에 위치한 모든 해양 지형은 서로 가깝기 때문에 절대적으로 복합 기지의 일부가 되어야 함을 알 수 있다. 세컨드 토머스 암초는 미스치프 암초에서 22해리밖에 떨어져 있지 않다. 그리고 사람이 상주하는 다른 주변국들의 '진짜' 섬들도 때가 되면 같은 이유로 위협을 받을 것이다. 다음은 그런 섬들이다.

- 타이완의 타이핑섬: 게이븐 암초에서 13해리 거리.
- 필리핀의 티투(또는 '파가사')섬: 수비 암초에서 14해리 거리.
- 베트남의 스프래틀리섬(또는 '폭풍섬'): 쿠어테론 암초에서 54해리 거리.

선박자동식별장치(Automatic Identification System, AIS) 데이터를 분석해보면, 중국 해경은 2023년에 남중국해의 핵심 지점들을 매일 계속해서 순찰했다는 것을 알 수 있다. 2023년에 중국 순시선이 가장 많이 감시한 장소 다섯 곳은 2022년과 동일했다. 필리핀과 중국 사이에 빈번하게 긴장감이 도는 무대인 세컨드토머스 암초 가까이 순찰한 날 수는 2023년에 302일이었다. 그해에 루코니아 암초는 338일, 스카버러 암초는 311일, 티투섬은 206일, 뱅가드 암초는 221일 순찰했다. 2023년에 이 다섯 곳에서 관찰된 순찰은 선박 수를 고려해 계산하면 총 1652일에 달했다. 어떤 곳에서는 거의 매일 순찰이 있었다는 사실은 평상시에 중국 해경의 핵심 역할이 남중국해에서 중국이 주장하는 방대한 해역에 대한 통제권 확보임을 보여준다.

수중전 전문가인 타이완의 전직 해군 장교에 따르면, 냉전 시대에 미국이 소련의 잠수함 통과 지점을 감시하기 위해 설치한 수중음향감시체계(sound surveillance system, SOSUS)와 유사한 체계인 초저주파 수중 음파 청음선을 인민해방군 해군이 남중국해 바닥에 깔았다고 한다. 이는 이 거점 해역에서 순찰을 도는 중국 핵잠수함을 위협하게 될 적의 핵추진 잠수함이나 디젤-전기 잠수함의 존재를 탐지하는 데 사용된다. 신호를 수신하고 처리하는 시설은 스프래틀리 제도에서 해공군 복합 기지가 있는 일부 섬에 설치했을 가능성이 매우 높은데, 그 섬들에는 수중전을 위한 하늘과 수상, 해저 시설들이 (드론을 포함해) 아마도 갖추어져 있을 것이다. 해저 침범자들이 제1도련선을 통과할 만큼 충분히 깊은 해협의 해저에도 또 다른 감시 장치를 심어두었을 수 있다.

캄보디아의 새로운 기지, 레암

2022년, 중국 기업들이 캄보디아의 시아누크빌 가까이 있는 타이만의 항구 레암에 대규모 방파제와 건선거(drydock, 乾船渠: 선박이 들어올 때는 물을 채우고, 들어온 후에는 물을 빼서 선박을 건조·수리·보수하는 시설―옮긴이) 건설 공사를 시작했다. 이 시설들은 소규모 선박밖에 없는 캄보디아에 필요한 것보다 훨씬 큰 규모였다. 반면에, 새로운 방파제의 규모와 수심은 중국 항공모함이 정박할 수 있을 정도다. 이 기지는 2023년 11월에 완공되었다.

2023년 12월 3일, 인민해방군 해군은 레암 해군 기지 사용을 개시해, 여러 전함이 새로운 방파제를 따라 정박했다. 이 해군 기지에 전함이 정박한 것은 처음이었다. 이 기지는 캄보디아 정부와의 합의로 건설되어 자동으로 갱신되는 30년 기간 동안 중국군이 기지의 북쪽 반을 사용할 수 있다. 그렇지만 캄보디아 헌법은 자국에 외국군 상주 기지 설치를 금지하고 있다. 거의 세습 정권이 이끄는 캄보디아는 군비 분야에서 중국의 고객이면서 일대일로에도 참여하고 있어 헌법을 위반했을 것이다. 이 기지는 말라카 해협의 싱가포르와 피어리크로스 기지에서 555해리도 채 떨어져 있지 않고, 이 세 곳은 이등변삼각형을 이룬다. 이 기지는 외국 땅에 있지만, 중국이 마음껏 사용하는 데 어려움이 없을 것이다. '족쇄'가 닫힐 위험이 있을 때, 말라카 딜레마를 다루는 데 보완적인 가능성을 제공하기 때문에 이곳은 중국에 아주 소중하다.

레암 해군 기지에서 60킬로미터 떨어진 다라사코 국제공항은 2023년에 상업 업무를 시작했다. 한 중국 기업(톈진 연합개발집단)이 중국 자본

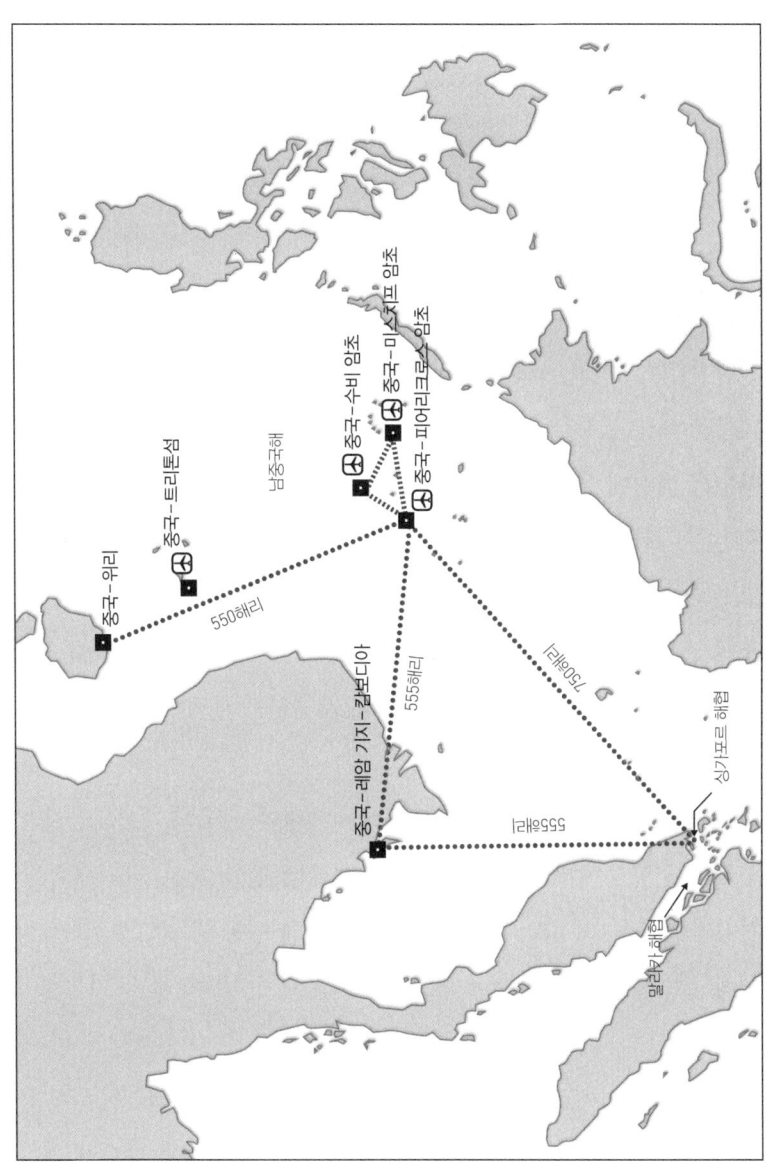

말라카 해협과 중국 기지들의 거리

으로 건설한 이 공항은 중국 공군이 병참용으로 자유롭게 사용할 수 있음이 분명하다. 3400미터 길이로 캄보디아에서 가장 긴 활주로는 이에 아주 적합할 것이다.

인민해방군 해군의 비약적인 성장

중국은 수적으로 세계 최대 해군을 보유하고 있는데, 잠수함을 포함해 전함이 370척이고, 그중 140척 이상이 대규모 수상 전투함이다. 인민해방군 해군은 주로 현대적인 다목적 부대로 구성되어 오래된 프리깃함들은 해경에 물려주고 점점 더 원양 함대의 모습을 닮아가고 있다. 중국은 평화시에는 본 적이 없는 아주 빠른 함선 건조 속도를 유지하고 있다. 의회 의결을 거쳐야 하는 민주주의 국가들과는 달리 중국 해군의 규모와 구성 목표는 알려져 있지 않다. 중국은 전함의 종류별로 예정된 총 수량이나 취역 군함의 퇴역, 추구하는 무력 수준에 대한 정보도 발표하지 않는다.

해군의 현대화 노력으로 중국의 해군 역량은 상당히 개선되었지만, 중국 해군에는 여러 약점이 있다. 육해공군 연합 작전, 대잠수함전, 장거리 목표물 지정과 획득, 해상 보급, 병참 수송 등 중요한 작전 영역에서 그렇다. 인적 자원에서도 중대한 문제에 직면해 있을 가능성이 아주 높다.

해군 전함 외에도 '국가 통합 전략 체계와 역량'이라 불리는 군민융합(軍民融合) 발전 전략 추구의 일환으로 중국 해군은 보충 함대에 의존할 수도 있다. 2016년에 국방 수송에 관한 법률을 발효하면서 해군은 군사력 투사 임무를 지원하기 위해 해상 수송에 민간 자원과 시설을 동원할 수 있게 되었다.

해군은 근해에 항만 기지를 보유하고 있어서 전시에 적들과 비슷한 전략을 적용해 '족쇄'가 되는 해협들을 봉쇄함으로써 반(反)접근/지역 거부(Anti-access/area denial: 중국이 근해에서 펼치는 지배 전략에 대해 미국이 붙인 명칭—옮긴이) 작전을 구사할 수 있을 것이고, 그래서 이는 일종의 방어가 될 수 있다. 사실상 지부티 기지를 제외하면 중국이 운용 중인 모든 해군 기지는 근해에 있다.

중국 해군은 파키스탄의 과다르 같은 해외 터미널들에 기지를 유지하기 위해 군사력을 전개할 수 있을 것이다. 파키스탄은 언제라도 있을 수 있는 인도의 공격에 대비하기 위해 그러기를 바라는 나라다. 중국이 그곳에 지속적으로 뿌리를 내리려는 이유 중 하나는 아직도 건설 중인 과다르와 신장을 연결하는 중국-파키스탄 경제 회랑에 있다. 이 회랑으로 미래의 해군 기지 병참망을 확보하게 될 것이다. 다른 이유는 정박하게 될 함선들을 기술적으로 유지·보존할 승조원들이나 병기창의 현지 기술자와 노동자를 조직하고 훈련시키기 힘들고 결국 그들의 수준이 낮기 때문일 것이다. 많은 취역 함선을 관리하면서 이런 대대적인 함대를 구축하는 중국의 조선소는 업무 부담이 특히 과중할 수밖에 없다. 기술 역량은 수적으로나 질적으로나 부족할 것이 분명하다. 다르게 설명하자면, 중국은 항상 그렇듯이 해군 발전을 장기적 과제로 삼고 있을 것이다. 중국은 민간과 군사의 이중 인프라를 준비하고 있어서, 사용처를 찾을 때까지 그 인프라를 작전용으로 실제로 운용하지 않는다. 동시에 중국은 군함을 다수 확보하지만, 경제적인 이유와 승조원들의 역량 문제로 그 군함들을 동시에 배치하는 일은 거의 없다.

해외 지원 기지 및 시설의 한정된 수와 더불어 중국 해군은 사실 전투 역량을 제한하는 여러 가지 부족에 시달리고 있다. 인적 자원의 경우, 함대 규모가 커지면서 함정을 운용하기 위해 계속 더 많은 인력을 양성해야 한다. 작전 측면에서는 최근의 전투 경험이 부족하다. 중국은 이런 한계와 단점을 줄이거나 극복하려고 노력하지만 그러려면 시간이 필요하다. 또한 여러 전투 영역을 훈련하고 배우기 위해서는 협력국과 동맹국이 필요하다. 중국이 러시아에 접근하는 이유 중 하나다. 러시아는 냉전 시기에 모든 바다에서 해군 작전을 실행했고, 게다가 2022년부터는 흑해에서 해상·해저·공중 드론이라는 새로운 위협에 직면하고 있기 때문이다.

중국은 2019년 국방 백서에서 해군이 근해를 방어하고 원해를 보호하는 전략적 변화와 필요에 적응해야 한다고 지적했다. 해군을 '강하고 현대적인 군'으로 만들기 위해서 해군은 역량에 한계가 있는 이전 세대의 군함을 더 크고 현대적인 다목적용 전함으로 대체하거나 현대화했다. 또한 중국 해군은 육해공 합동 해양 작전과 인민해방군의 다른 부문들과의 통합을 강조한다. 중국이 해양 영역을 더 중요시할수록 현대화도 이에 보조를 맞춘다. 이런 해군의 확보는 2049년에 '중국몽'을 실현해내기 위해 공산당이 설정한 일정을 따른다. 이를 위해 단기적으로는 '메이드 인 차이나(Made in China) 2025'〔중국제조(中國製造) 2025: 중국의 제조업을 더욱 발전시키려고 리커창 총리가 2015년에 제창한 산업 정책—옮긴이〕

같은 산업·기술 정책을 가장 먼저 적용한다. 이 정책으로 시장을 개방하는 대신에 외국의 기술 이전을 특히 우선시한다.

2022년 10월, 20차 공산당대회 개막식 연설에서 시진핑은 2027년까지 인민해방군의 현대화를 실행하겠다는 자신의 약속을 재확인했다. 이 현대화 목표는 군의 기계화와 정보화, 그리고 인공지능 사용의 통합 발전을 가속화하는 것이다. 그리고 2021년 7월 1일, 중국 공산당 창당 100주년 연설에서 시진핑은 중화인민공화국 수립 100주년이 되는 2049년까지 '중화민족 부흥'을 다음과 같이 2단계로 실현하겠다고 선언했다.

2021년에서 2035년까지 중국은 경제력과 기술력을 키워 세계의 혁신 주도국이 될 것이며 군의 현대화를 완수할 것이다.

2035년에서 2049년까지 중국은 세계적인 국력과 국제 영향력 측면에서 세계의 주도국이 되는 국제 위상을 획득할 것이다. 특히 중국은 세계적 수준의 군대를 보유할 것이며 신형 국제질서 속에서 으뜸가는 지위를 차지할 것이다.

국방 예산과 부패

미국의 국방 예산과 종종 비교되는 중국의 국방 예산은 미국의 약 3분의 1에 불과하다. 이런 식의 비교는 여러 가지 이유로 착각을 불러일으킨다. 우선 미군은 세계 각지에 주둔하면서 수백 곳의 기지를 차지하고 있어서 유지 비용이 많이 든다. 반면에 중국군은 앞에서 본 것처럼 지부티 기지를 제외하면 자국 영토에 집중되어 있어서 예산의 큰 부분을 전투 수단의 획득과 유지에 사용할 수 있다. 중국 부대들의 장거리 전개 비중이 낮은 이유를 이 점으로 일부 설명할 수 있다.

게다가 중국이 발표하는 군사 예산은 여러 범주의 중요한 지출, 특히 연구개발과 해외 무기 구매를 누락시켜 실질적인 군사비 지출 평가를 어렵게 만든다. 그리고 미국보다 낮은 중국의 인건비, 낮은 원료비와 함께 현지 생산 체계를 감안하면 착시 효과가 있다 해도 구매력 평가를 고려해서 계산해야 할 것이다. 또한 여기에 선급 회사와, 조선소의 '품질' 관리 업무 등에서 덜 엄격한 규제도 고려해야 한다. 이 모든 것을 평가하기는 아주 어렵다. 2017년, 마크 밀리(Mark Milley) 미국 육군 참모총장은 상원 청문회에서 군사 부문의 경우 미국에서 '1'의 가치는 중국에서 '0.5'의 가치에 해당한다고 평가한 연구를 제시했다. 달리 말하자면, 중국의 진정한 예산은 시장 환율로 발표된 것보다 구매력 평가로는 두 배일 것이다. 이런 단순한 분석은 아마도 부분적으로는 틀리겠지만, 완전히 잘못된 것은 아니다.

2019~2023년, 중국군의 연간 예산은 시장 환율로는 1722억 달러에서 2303억 달러로 증가했다. 2024~2028년, 중국은 중국군의 현대화에 5년 동안 1조 4000억 달러, 즉 연평균 2800억 달러를 투자하겠다고 발표했다. 2023년과 2024년에 중국의 국방 예산은 2019년 이래 가장 높은 7.2퍼센트 증가했다. 또한 중국은 2023년에 핵탄두 수를 상당히 늘렸다. 스톡홀름 국제평화연구소(Stockholm International Peace Research Institute)에 따르면, 2023년 1월 중국은 1년 만에 60기가 증가한 410기의 핵탄두를 보유해 중국의 핵 억지력은 미국(3708기)과 러시아(4489기)의 뒤를 이어 세계 3위가 되었다.

국방 예산을 적절히 관리하고 있는지, 그리고 그 여파로 군대 효율성이 제고되었는지 평가하기는 어렵다. 중국은 자신 안의 영원한 악마 중 하나인 부패에 직면한 것으로 보이기 때문이다. 최근의 추문으로 군부에서 최고 지위에 있는 인물들이 축출되었다. 2023년 3월에 은퇴한 웨이펑허 전 국방부장은 이후 공식 석상에 등장하지 않으며, 그의 후임자인 리상푸는 직무를 수행한 지 몇 달 만에 아무런 설명 없이 경질되었다.

  2024년 1월 3일 자 〈레제코(Les Échos)〉에 실린 한 기사에 따르면, 중국군에 대한 조사는 시진핑 자신의 지휘로 중앙군사위원회가 직접 실시했다. 2023년 마지막 주에 중국의 최고 입법기관인 전국인민대표대회는 장군 9명을 부패로 경질했다고 발표했는데, 특히 그중에는 당시까지 인민해방군 6개 군종의 하나인 로켓군 사령관 리위차오도 있었다. 로켓군은 역량을 개선하기 위해서 '전략적 억지력'의 현대화를 장기적으로 추구하는 특별 임무가 있다. 부패의 중대성이 어느 정도이며, 부대들의 임무 수행 역량에 끼치는 실제 영향은 어느 정도일까? 이를 평가하기는 불가능하지만, 1894~1895년의 청일전쟁에서 청나라 해군이 부패 때문에 전투 준비를 하지 못한 기억이 있어서, 부패가 오늘날의 해군에도 무시하지 못할 영향을 끼친다는 우려가 있다.

세계 대양의 통제

인민해방군 해군에는 3대 함대(북해함대·동해함대·남해함대)가 있고, 함대들은 합동참모부의 지휘를 받는다. 해군은 자국 연안에 위치한 많은 기지를 보유하고 있고, 모든 해군 함정은 그 기지들에 소속되어 있다.

이 사실이 놀랍게 보일 수도 있는데, 중국 해군 함정 전체가 잠재적인 '족쇄' 내부에 갇혀 있다는 것이고, 주요 분쟁이 발생하면 그 족쇄에서 빠져나오지 못할 수 있기 때문이다. 그렇게 되면 중국 해군은 일종의 '생존 함대(fleet in being)'[7] 처지로 전락해 막대한 수에도 불구하고 반접근/지역거부라는, 중요하긴 하지만 유일한 역할밖에 하지 못할 것이다. 스프래틀리 제도의 해공군 복합 기지는 상대적으로 취약하지만 이런 상황에 특히 적합할 것이다.

남태평양에서 중국은 매우 부족한 전략 공간을 확보하려고 작은 섬나라들에게 종종 적나라한 영향력 작전을 구사한다. 치밀한 외교 활동에도 불구하고 중국은 솔로몬제도와만 2023년 7월 11일에 경찰 협력 협정[8]을 체결할 수 있었다. 이 협정은 이 나라가 타이완과 단교하고 베이징으로 돌아선 지 4년 후에 양국 관계가 '포괄적 전략 동반자'로 발전하는 과정에 체결한 것이다. 이 협정은 마나세 소가바레 당시 솔로몬제도 총리와 리창 중국 총리가 체결한 9개 합의의 일부로, 솔로몬제도의 외교 정책 변화를 강조한다. 2024년 5월 2일의 선거에서 친중파인 제레미아 마넬레가 총리에 올랐다는 것은 여전히 취약한 이 동맹을 계속 추구한다는 징표다.

반대로 인도양에서 중국은 지부티에 중요한 기지를 설치하고 요새화해 이 기지는 대형 군함 및 잠수함과 함께 1만 명의 인원을 수용할 수 있다. 해병대 주둔 부대가 이곳에 배치되었다. 중국은 최종 병력이 10만 명에 이르게 될 이 부대를 장차 전함 42척으로 무장시킬 수륙양용군으로 해외 기지에 배치하려 한다. 인도양에 있으면서 중국 기업이 통제하는 다른 항구들은 민군 이중 임무가 있다. 이 항구들은 오늘날 중국 무역의 주축인 인도양에서 중국 해군을 아직은 수용하지 않고 있다. 일부 설명에 따르면, 중국은 인프라를 조금씩 준비하고 건설하지만, 전반적인 설치 계획을 완수할 때까지 부대를 배치하지 않을 것이라고 한다.

존재감이 없는 대서양에서 중국은 적도기니에 기지 설치를 앞두고 있다.

이런 인프라 구축과 함께 중국은 기준 상대인 미국보다 우월한 함대를 언젠가는 구축하고자 한다. 첨단 기술 체계를 갖추고, 충분한 수의 잘 훈련된 승조원들을 배치한 함대로 미국과 균형을 맞추고 싶어 한다. 이런 유형의 해군 조성은 아주 장기적인 과정이 될 것이다.

이렇게 접근하면서 인프라와 군대가 준비될 때까지 실제로 배치하지는 않을 것이다. 이런 관측은 스프래틀리 제도의 해공군 복합 기지에 관해서도 마찬가지여서 인공위성으로 관측한 그곳 활동은 제한적인 것으로 보인다. 이처럼 신중한 운영 방식은 예산 절약의 원천이기도 하다. 중국 해군은 서로 다른 분야의 여러 목표를 결합하면서 기지의 부지를 체계적이고 아주 효율적으로 활용한다는 점에 유의해야 한다.

지부티 기지는 병참 기지이지만 잠재적으로는 항공모함 전단 전개에 중요한 기지다. 이곳은 유럽과의 해상 무역에 필수적인 바브엘만데브 해협 근처에 있다. 또한 에티오피아의 교역에 필요한 철도 노선의 종점이기도 한 이 철도는 중국이 건설했다.

파키스탄의 새로운 과다르 항구도 상당한 규모의 해군을 수용할 수 있을 것이다. 과다르 항구는 중국이 필요로 하는 에너지 자원의 많은 부분이 경유하는 호르무즈 해협 가까이 있다. 게다가 이 항구는 중국의 내륙 지방인 신장과 파키스탄을 연결하는 중국-파키스탄 경제 육로 회랑의 종점이다. 이는 일대일로에서 주요한 프로젝트다.

미얀마의 시트웨 항구는 송유관과 가스관으로 중국의 또 다른 내륙 지방인 윈난성과 연결된다. 이 항구는 게다가 말라카 딜레마의 대상인 말라카 해협 입구의 동쪽 끝 가까이 있다(원서 오류로 보인다. 시트웨는 말라카 해협 북쪽 인도양 연안에 있다—옮긴이).

스프래틀리 제도의 해공군 복합 기지와 캄보디아에 위치한 새로운 기지는 남중국해와 타이완을 장악할 수 있게 해준다. 그러면 끄라 지협[9]에 다다를 수 있는데, 이 지협을 관통하는 육지 회랑은 세계에서 물동량이 가장 많은 해로 중 하나인 말라카 해협을 우회하면서 인도양과 태평양 간 수송 시간을 상당히 줄일 수 있다. 이는 또한 이 말라카 경로를 시대에 뒤떨어진 것으로 만들어 중국이 말라카 딜레마를 해결할 수 있는 하나의 방법이기도 할 것이다. 두 대양이 있는 지협 양쪽에 항구를 하나씩 건설할 텐데, 만일 이를 중국이 맡는다면 중국의 전략적 위치는 한층 더 강화될 것이다. 그렇게 되면 중국은 이 지역에 대량으로 존재하는 어업 자원과 에너지 자원을 확보할 수 있을 것이고, 일본·한국·타이완·싱가포르를 봉쇄할 수 있을 것이다.

이 모든 부지의 선정은 아주 신중히 이루어지지만 지정학적 우발성을 품고 있어서, 미국과 그 동맹국들을 무리하게 도발하지 않고 장기적으로 추진하는 신중한 전략으로만 성공할 수 있다.

해상제국 중국의 전력 투사

중국 해군이 미국 해군보다 군함을 더 많이 보유하고 있다 해도 세계 최고의 해군이라거나 전 세계 대양에서 자국의 이익을 위협할 수 있는 모든 적에 맞설 수 있다고 주장하기에는 아직 불균형하다. 중국 해군에는 멀리서 오랫동안 작전을 수행할 수 있고, 바다는 물론 육지도 타격할 수 있는 전력 투사 수단이 없다. 중국 해군은 항공모함이 없고[10] 그래서 이 부족분을 메우고 싶어 한다. 그 때문에 중국은 이 방향으로 민첩하게 추진하는 프로그램을 개발했다. 중국이 항공모함에 두는 관심은 무엇보다 중국이 직접 관련된 특별히 고통스러운 사건들의 역사적 경험으로 얻은 교훈에서 기인한다. 중국은 미국 함재기의 위력에 대적해보지도 못하고 여러 번 당했다. 중국이 구현한 설계의 숙련도는 출처에 상관없이 모든 기술의 역공학과 연구, 개발 및 창조적 혁신을 혼합하는 것이었다. 2024년 시운항에 들어간 중국의 첫 번째 항공모함이 성공한다면, 중국 해군이 2049년 이전에 미국 해군 및 그 동맹국들에 맞서 세계 대양의 지배권을 두고 다툴 수 있는 첫걸음이 될 것이다.

해군 부문의 모든 측면을 체계화하듯, 중국은 해공군 통합 전단의 활용과 관련해 전술·전략 측면의 분석에만 그치지 않았다. 중국은 기술 차원에서도 단계적으로 진전을 이루면서 '항공모함 타격단(carrier strike group)'[11]을 구성하는 여러 부문(군함·함재기·호위·보급 등)의 설계를 완벽하게 숙달해야 할 필요성과 프로젝트의 복잡성을 인식했다. 미국 해군은 70년 전부터 이를 효율적으로 실행에 옮기고 있다.

지정학적 맥락

항공모함이 오늘날 가장 완벽하고 효과적인 군사력 투사 수단이라는 점에는 이의가 없다. 항공모함은 '시스템 중의 시스템'이어서 전함이면서 동시에 (기술적으로 가장 진화한) 핵발전소이고, 수십 대의 고정익·회전익 항공기를 운용하면서 항공기의 보수유지와 무장, 보급을 책임지는 비행장이기도 하다. 또한 기술적으로나 전술적으로 숙달하기 가장 어려운 수단 중 하나이기도 하다. 핵심인 항공모함 전단의 지휘는 한층 더 어려운데, 호위함과 급유선, 공격 핵잠수함 등으로 구성되고 (대공, 대함, 대잠수함, 미사일 요격 등) 여러 전투 분야에서 전문화된 군함들의 존재 때문이다. 그 군함들이 항공모함을 경계하면서 호위하고 정보를 주며 보급을 담당한다. 항공모함을 보호하는 여러 무기 체계 외에도 항공모함은 하루에 1000킬로미터를 갈 수 있고 25노트 이상의 속도를 낼 수 있는 전략적 기동성이 있어서, 평상시에 이미 정확한 위치가 알려져 있어 특히 선제 공격에 취약한 지상 공군 기지와는 달리 적중시키기가 아주 어려운 표적이다.

대양에서 자유롭게 항해할 수 있다는 사실 때문에 항공모함이나 더 작은 규모의 경항공모함[12]을 보유한 나라들은 세계 각지의 대양에서 해군과 공군을 기습적으로, 또 완전히 독자적으로 전개할 수 있다. 오늘날 세계 무역의 90퍼센트가 바다를 통해 이루어지고, 세계 인구의 80퍼센트가 해안에서 200킬로미터 이내에 살며, 그 범위 안에 적군의 잠재적 목표물인 산업시설과 군대, 정부기관 대다수가 집중되어 있다. 공해를 항해하는 항공모함 전단은 공해에 다다르기 위해 사전에 취득해야 할 것이 없다. 반면에 장거리 공중 전개의 경우에는 급유기 비행

위치를 사전에 지정하거나 외국의 상공 통과나 기지 사용에 다소 우호적인 해당국의 승인이 있어야 한다.[13] 목표물에서 가까운 지역에 당도하면, 또 다른 장점은 항공모함에서 발진한 항공기들이 즉시 개입할 수 있고, 더 나아가 상시 비행을 확보할 수도 있다는 것이다. 어쨌든 이 두 작전 방식은 보완적이어서, 첫 번째 방식으로 신속 대응이 가능하고, 두 번째 방식으로 현장에 상시 개입할 수 있다.[14]

'중국몽'이라는 지구적 차원의 경제적·정치적 야심을 품은 중국은 전 세계에서 자국의 이익을 수호할 수 있는 해군을 보유하고 항공모함을 갖춰야 할 필요성에 점차 이끌렸다. 항공모함 확보는 특히나 부담이 되는 계획이다. 이런 선택은 무엇보다 중국 해군이 1949년 창설 이래 미국 해군과의 대결에서 번번이 겪은 좌절로 인해 고조된 민족주의에서 기인한다. 여러 번의 타이완 해협 위기는 '굴욕의 세기'의 암울한 시간들을 그대로 연상시킨다. 중국인들에게 미국의 압도적인 항공모함은 '함포 외교'[15]의 현대판이고, 중국이 상당히 증가한 군사력에도 불구하고 미국 해군력에는 여전히 열세여서 그에 대적할 준비가 미흡하다는 사실을 여실히 보여준다. 중국은 미국의 항공모함을 기준 상대이면서 기술적으로나 전략적으로 압도할 수 있기를 바라는 전함의 상징으로 삼았다.

이런 야심 찬 계획은 대중의 강력한 지지를 받았고, 중국 군대 내에서 증대하는 해군의 영향력도 도움이 되었다. 2004년부터 해군 사령관은 중국 군대의 가장 중요한 기관인 중앙군사위원회의 구성원이 되었다. 제2차 세계대전 이후 미국의 경험을 교훈 삼아 중국은 미래에 개입해야 할 곳이라면 어디라도 성공적으로 개입할 수 있도록 이 환상적인 전력 투사 도구를 갖추기로 선택했다. 중국 지도자들이 추진한 모든 중요한 조치처럼 이런 전개는 장기간에 걸쳐 체계적으로 이루어지는데, 이는 기술적 난관을 피하고 성공을 담보하기 위해서다. 시진핑 주석은 '중국몽'의 실현 시기를 2049년으로 정했지만, 군대의 현대화는 2035년에 완수되기를 바란다.

마오쩌둥은 1949년에 대륙에서 승리하고 중화인민공화국을 수립한 직후에 중국의 빈약한 해양 상황에 대해 명확한 비전을 제시했다. 그는 1949년 8월 28일에 다음과 같이 선언했다. "1840년부터 오늘날까지 100년 넘게 흘렀다. ……중국을 침략한 전쟁은 모두 바닷길을 통해서였다. 중국의 반복된 패배와 굴욕, 영토 할양의 이유는 중국이 해군이나 충분한 해양 방어력이 없었기 때문이다." 그런 해군이 없어서 마오쩌둥은 당시에 자신의 이점을 계속 누릴 수 없었고, 패배한 국민당군이 장제스의 명령에 따라 피난처로 삼아 피신한 타이완을 비롯한 섬들을 점령할 수 없었다.

인민해방군이 1949년 10월 25~27일에 국민당이 방어하는 진먼섬을 점령하려고 펼친 상륙 작전은 재앙이었다. 이 실패와 더불어 타이완 해협에서 미국 해군의 적극적인 활동으로 인해 중국은 섬 침공 계획을 당분간 포기했다. 1950년 1월 5일, 미국 트루먼 대통령이 국민당군을 지원하지 않겠다고 발표했을 때, 인민해방군은 정복을 완수해 국민당 지배하에 있는 여러 섬을 힘들이지 않고 점령할 수 있으리라 생각했다. 그러나 그 후 6개월도 지나지 않아 한반도에서 전쟁이 발발하자 미국은 입장을 선회했고, 강력한 미 7함대의 보호 아래 타이완 해협의 상황은 동결되었다. 그 후 50년이 흐르는 동안 이 시나리오는 세 번이나 반복되었지만, 중국으로서는 유감스럽게도 전력 및 군사력 투사 작전을 수행하는 데 필수적인 전함인 항공모함의 근원적인 위력을 감내하고 인정할 수밖에 없었다.

적의 실수에서 배우기

중국의 정치 지도자들은 미국이 1척의 항공모함만으로도 엄청난 전쟁 도구이자 영향력 도구로 삼게 된 모든 종류의 사건들을 주의 깊게 추적했다. 이는 당시에 적이었고 이제는 세계의 대양 지배를 두고 참조하면서도 경쟁하는 미국과 똑같은 실수를 저질러 귀중한 시간을 낭비하지 않기 위해서였다. 중국의 정치 체제가 미국과 아주 다르다고 하더라도 대개는 예산상의 이유로, 그러나 전반적인 전략상의 이유로도 여러 군이 대립하는 당파적 논쟁은 마찬가지다. 이런 영향력 투쟁은 국가의 정치 이념과는 무관하게 참담한 지정학적 결과를 초래할 수 있다.

제2차 세계대전 직후에 냉전이 시작되었지만, 미국은 '평화 배당'(전쟁 상황 종료로 발생하는 경제적 이익, 즉 막대한 국방비 지출을 다른 곳으로 돌리게 된 것을 의미─옮긴이)을 추구하면서 전시 예산을 철저히 감축해 여러 군(종)이 서로 격렬하게 대립했다. 이 '단추 전쟁'[16]은 미국에서 유례없는 논쟁으로 치달아 일부 정치인의 선택에 불만을 품은 이른바 '제독들의 반란'이 일어났다. 이 단추 전쟁으로 미국은 소련에 비해 군사적으로 열세에 놓였을 수도 있다. 미국은 당시까지 치렀던 모든 전쟁이 끝나고 나서 그랬듯, 1945년 말에 세력의 정점에 있을 때 경제에 필요한 노동력과 두뇌를 공급하기 위해 아주 신속하게 동원 해제를 실시했다.

미국 해군 병력은 전시에 398만 6381명으로 정점을 찍었다가 1947년 회계연도에는 52만 4019명으로 거의 8분의 1로 줄어들었다. 이 기간 동안 해군의 항공모함과 경항공모함 수도 98척에서 20척으로 줄었다. 예기치 못한 한국전쟁 발발로 트루먼 대통령이 위험을 인식하고 국방부 장관에 반대하지 않았다면, 그 결과는 참담했을 수도 있다.

1946년 3월 5일, 처칠은 미국의 풀턴 대학에서 유럽에 '철의 장막'이 쳐졌다는 그 유명한 연설을 했다. 냉전의 시작이었다. 1947년 9월, '국가안전보장법(National Security Act)'이 미국에서 공포되었다.[17] 이는 중앙정보국(CIA) 창설 외에도 미국 국방에서 주요한 변화여서, 각 군을 민간 통제하에 두었다. 따라서 초창기 국방부 장관의 개성은 이 새로운 행정을 정착시키는 데 아주 중요했다. 이 임무를 개시한 사람은 당시 해군성 장관으로 재직 중이던 아주 유능한 제임스 포레스탈(James Forrestal)이다. 항공모함 전단에 우호적이었던 그는 5만 9900톤 배수량의 초대형 항공모함인 유나이티드스테이츠(USS United States)호(CVB-58)의 건조를 추진했다.[18]

제임스 포레스탈은 트루먼 대통령과 사이가 좋지 않아서 1949년 3월 말에 루이스 존슨(Louis A. Johnson)으로 교체되었는데, 존슨은 전시에 루즈벨트 행정부와 가까웠던 인물로 야심 차고 비정한 정치인이다. 존슨은 1937년부터 루즈벨트 행정부에서 전쟁성 부장관직을 맡아 육군과 함께 항공대 부문에 권한을 행사했다. 미국 육군항공대(USAAF) 폭격기 생산 전문 기업으로 1929년에 설립된 콘솔리데이티드 에어크래프트(Consolidated Aircraft)의 이사로 1942년에 임명되면서 미군 항공대에 대한 그의 관심은 더욱 커졌다. 이 기업은 1943년에 불티 에어크래프트(Vultee Aircraft)와 합병해 콘베어(Convair)라고 불리는 콘솔리데이티드–불티 에어크래프트(Consolidated-Vultee Aircraft)가 되었다. 1947년에 새롭게 탄생한 미국 공군은 핵무기가 다른 모든 무기(와 군대)를 무용지물로 만든다고 판단했고, 이런 판단은 일부 여론의 지지를 받았다. 그런데 그 핵무기를 운반할 거대한 폭격기 B-36을 콘베어가 생산한다는 것이었다. 루이스 존슨의 판단도 이런 방향이었고, 항공기 제작 회사에서 지낸 경력 때문에 그는 이해 충돌로 의심을 받았다.

일부 제독은 공군이 고집스러운 존슨의 도움으로 항공 수단 전체의 통제권을 쥐려 한다고, 직업상의 비밀 유지 의무를 무시한 채 공개적으로 비난했다. 그들은 해군의 공군 부문이 필수적이라 판단했고, 더 나아가 해군의 공군 부문도 핵무기를 갖추어야 한다고 주장했다. 그들의 개입은 대중에게 아주 나쁜 인식을 주어 국민의 지지를 받지 못했다. 루이스 존슨이 비난받았던 이해 충돌 의심은 배척되었고, 존슨은 국방 예산을 철저하게 감축하라는 트루먼 대통령의 지침을 적용할 뿐이라고 주장했다. 국방부 장관은 그때부터 자신의 노선을 거침없이 추진했다. 그는 1949년에 CVB-58의 건조를 중지하고, 전투 항공모함(CV와 CVB)을 8척에서 4척으로 감축하라는 명령을 내렸다. 몇 달 후에 결정된 새로운 예산 삭감이 그대로 적용되었다면, 모든 항공모함 건조가 중단되었을 것이다.

갈등은 한국전쟁으로 간신히 해소되었고, 한국전쟁 중에 B-36은 아무런 역할도 하지 못했다. 한국전쟁으로 소련 미그(MiG)-15의 놀라운 성능이 밝혀졌고, 천하무적이라는 B-36 폭격기의 신화는 여지없이 깨져 B-36은 1959년에 퇴역했다. 자신이 지지하던 주장이 모두 여지없이 깨지자, 존슨은 1950년 9월 19일에 사임했다. 그는 끊임없는 개편으로 준비와 조직이 제대로 갖춰지지 않은 군을 남겼다. 육군은 아마도 해군보다 더 망가진 상태였을 것이다. 1950년 2월 14일, 중국과 소련이 우호동맹상호원조조약을 체결했고, 한국전쟁은 그로부터 4개월 조금 더 지나 발발했다.

소련군이 북한에서 1948년에 철수하기 전에 소련을 통해 3년간 완벽하게 무장하고 훈련받은 북한군은 1950년 6월 25일 새벽 4시에 한반도를 분단하는 경계선을 넘었다. 북한군은 기계화되었고, 40대의 야크(Yak) 전투기와 70대의 전술 지원기를 포함해 약 180대의 소련제 전투기로 무장했다. 전차도, 대전차 무기도, 항공 수단도 없어 장비도 제대로 갖추지 못하고, 훈련도 별로 받지 못한 남한군은 철저한 기습 공격을 받고는 침략자들에게 압도당했다. 군사 고문단으로 축소된 미군 파견대는 무스탕(Mustang) 10대밖에 없었고 준비가 안 되어 있기는 마찬가지였다.

이 몇 대의 항공기를 제외하면 미국 공군은 당시 한국에 어떤 부대도 없었다. 관할 영역이 일본과 한국인 제5공군 소속 부대들은 당시에 모두 일본에 위치한 기지에서 작전을 펼쳤다. 제5공군은 충분한 공중 지원을 하기에는 전장에서 너무 멀리 떨어져 있었다. 미국 해군은 영국 해군처럼 서태평양에 단 1척의 항공모함만 배치했다. 미국 항공모함인 밸리포지(Valley Forge)호는 배수량이 3만 3000톤으로 공격 개시일에 순양함 2척, 구축함 몇 척과 함께 홍콩에 기항 중이었다. 배수량 1만 8000톤의 영국 항공모함 트라이엄프(Triumph)호는 홍콩에 접근하고 있었다. 모든 부대는 보급품이 부족했다. 미국의 패배는 불가피해

보였다. 5년 전만 해도 미국은 100척도 넘는 항공모함을 갖춘 거대 함대들이 있어서 대서양 전투와 태평양 전쟁에서 이길 수 있었다. 그렇지만 어쨌든 제공권과 제해권을 쥐고 유지하면서 주요 역할을 수행한 것은 이 해군이었다. 동맹국 함정들이 규모가 줄어든 미국 해군에 힘을 보탰다.

한 달 후, 남한의 가장 큰 항구인 부산을 둘러싼 교두보 주위로 어렵사리 전선이 구축되었다. 부산은 일본에서 아주 가까워 거리가 95해리밖에 안 되고, 일본과의 경계는 대한해협과 쓰시마 해협뿐이어서 일본에 있는 미국 공군 기지와 가깝다. 잘 훈련된 해병대를 상륙시켜 함재기들과 일본 기지 항공기들의 결정적인 전술 지원으로 교두보를 유지할 수 있었던 것은 예산 삭감으로 크게 줄었지만 어쨌든 수륙양용 수단들 덕분이었다. 항공기들이 효율적으로 개입할 수 있을 만큼 전선은 충분히 가까웠다. 전선에서 아주 먼 북한의 수도 평양에 7월 3일 기습 공격을 감행한 것도 해군 항공기들이었다.

항공모함들은 전략적 기동성을 이용해 동해와 황해를 오가면서 필요한 곳이면 어디라도 공중 엄호를 제공했다. 두 번째 항공모함 필리핀시(Philippine Sea)호가 도착하자 북한에 위치한 목표물들을 연속해서 타격할 수 있게 되었다. 배수량 2만 3000톤인 호위 함공모함 바둥스트레이트(Badoeng Strait)호와 시실리(Sicily)호는 해병대의 코세어(Corsair) 전폭기 편대를 실어날라 부산에 가해지는 북한의 압박을 물리치는 데 필요한 공중 지원을 제공했다. 상황을 반전시킨 인천상륙작전을 공중에서 유일하게 엄호할 수 있었던 항공기들은 신속 항공모함 특무대(Fast Carrier Task Force) 77의 함재기들이었다.

다른 항공모함들도 계속 도착해 유엔군이 북한으로 진격해가는 동안 공중 지원 활동을 펼 수 있었고, 중국의 공세 압박을 받아 황급히 후퇴할 때도 부대들을 보호할 수 있었다.

10월 25일, 중국은 공산당이 정권을 잡고 나서 처음으로 직접 대대적으로 외국 분쟁에 개입했다.[19] 중국군 54개 사단 27만 명은 강이 어는 시기를 이용해 압록강을 건넜다. 승리가 임박했다는 생각으로 행복에 젖어 있던 미군은 완전히 허를 찔려 혼비백산했다. 1950년 11월 26일, 이제 50만 명에 이른 중국군 병사들은 소련의 공중 엄호를 받으며 압박 수위를 높였다. 이런 압박으로 큰 난관에 처한 유엔군은 38선까지 물러났고, 이곳에서 전선이 고착되었다.

기동력과 지속적인 작전 능력을 지닌 항공모함은 한반도에서 작전을 수행하는 지상군을 가장 가까이에서 지원할 수 있었는데, 이는 전선이 끊임없이 멀어져 비행장을 계속 버려야만 했던 미국 공군이 할 수 없는 일이었다. 1953년 7월 27일, 휴전조약이 체결되었지만, 평화조약은 아직도 체결되지 않고 있다.

적의 성공에서 배우기

1950년 1월 5일, 한국전쟁이 시작되기 몇 달 전 트루먼 대통령은 타이완 해협과 관련된 분쟁에 미국은 개입하지 않겠다고 발표했다. 딘 애치슨(Dean Acheson) 국무장관은 1월 12일에 내셔널 프레스 클럽(National Press Club)에서 한 유명한 연설에서 이런 입장을 재확인했다. 애치슨은 남한이나 타이완이 공격을 받으면 미국은 유엔과 협의해 행동할 것이라고 분명히 밝혔다. 이 선언은 북한의 공격을 정당화할 수 있었는데, 그 선언이 남침에 청신호라고 북한은 생각했을 수도 있기 때문이다.

북한이 침공하고 이틀 뒤인 6월 27일, 트루먼 대통령은 다음과 같이 선언했다. "남한에 대한 공격은 공산주의가 독립 국가를 정복하려고 체제를 전복하는 단계를 넘어섰고, 이제는 무력 침공과 전쟁에 의존할 것이라는 점을 의심의 여지 없이 명백히 드러낸다. 공산주의는 유엔 안전보장이사회가 평화와 국제적 안전보장을 보존하기 위해 내린 지시를 거부했다. 이런 상황에서 공산군이 포르모사(타이완)를 점령한다면 태평양 지역의 안보와 이 지역에서 합법적이고 필요한 역할을 수행하는 미군에 대한 직접적인 위협이 될 것이다. 따라서 나는 제7함대에 포르모사에 대한 모든 공격에 대항하라고 명령했다……"

7월 1일, 중국 저우언라이 총리는 "트루먼의 6월 27일 선언과 미국 해군의 개입은 중국 영토(타이완)에 대한 무력 침략이고 전면적인 유엔 헌장 위반이다"라고 선언했다.

1차 타이완 해협 위기: 1954년 9월 3일~1955년 5월 1일

1954년 8월, 장제스가 이끄는 중국 국민당은 진먼섬에 군인 5만 8000명을, 마쭈섬에 1만 5000명을 파견했다. 군인들은 그곳에서 인민해방군에 폭격당한 방어시설물을 건설했다. 이에 저우언라이 총리는 1954년 8월 11일 타이완은 "해방"되어야 한다고 선언했다.

7월 26일, 2척의 미국 항공모함 호넷(Hornet)호와 필리핀시호가 현장에 도착해 항공모함 함재기들이 중국 전투기 라보슈킨(Lavochkine)기 2대를 격추했다.[20]

1954년 12월 2일, 미국과 중화민국(타이완)은 상호방위조약을 체결했고, 1955년 2월 9일 미국 상원에서 이 조약이 비준되었다. 그렇지만 이 조약은 중국 대륙 가까이 위치한 섬들에는 적용되지 않아서 이 때문에 인민해방군은 1955년 1월 18일에 이장산섬과 다천섬을 점령할 수 있었고, 국민당군은 미국 해군의 보호하에 이들 섬에서 철수했다.

1955년 1월 29일, 미국 하원은 타이완 결의안을 통과시켜 아이젠하워 대통령에게 타이완 방어를 위해 무력(주로 해군)과 핵무기를 사용할 수 있는 권한을 주었다. 1955년 4월 23일, 중국은 협상할 준비가 되었고, 5월 1일 양측은 휴전조약을 체결했다. 그렇지만 분쟁의 근본적인 문제는 해결되지 않아서 양측은 타이완 해협 양쪽에서 무장을 강화했고, 이는 3년 후 또 다른 위기로 이어졌다. 그렇기는 해도 중국은 미국의 두 항공모함 전단에 대적할 수 없었고, 이는 이 전력 투사 수단이 어마어마하게 효과적이라는 증거였다.

2차 타이완 해협 위기: 1958년 8월 23일~12월 2일

1958년, 중국은 진먼섬과 마쭈섬에 폭격을 재개했고 상륙에 앞서 봉쇄 조치를 취했다. 둥딩섬 주변에서 해전이 벌어졌고, 중화민국 해군이 상륙 시도를 저지했다.[21] 중화민국은 미국의 대공 미사일과 현대적인 항공기를 제공받아 제공권을 장악했다. 이 위기 동안 격추된 항공기는 중국의 미그기가 총 31대였지만 중화민국의 F-86은 단 2대였다. 아이젠하워 대통령은 제7함대에 중화민국을 도와 공산군의 폭격을 받는 대륙 인접 섬들의 보급선을 보호하라고 명령했다. 항공모함 렉싱턴(Lexington)호가 8월 7일에서 12월 19일까지 타이완 지역에 전개되었다. 미국과의 전쟁을 촉발할 수 있다는 두려움 때문에 중국 포병은 미국 해군의 호위를 받는 수송 선단에는 발포하지 않았다.

대륙에 인접한 섬들의 보급을 담당하는 선박들이 중국 영해[22]의 경계까지 미국 해군의 보호를 받은 덕에 섬의 방어군이 견뎌낼 수 있었고, 이번에도 또다시 미군 항공모함의 공중 엄호로 군사적으로 압도적인 인민해방군의 습격을 막아냈다.

간헐적인 포격은 1979년 중국과 미국의 외교 관계가 정상화될 때까지 계속되었다.

걸프 전쟁: 1990년 8월 2일~1991년 2월 28일

걸프 전쟁 동안에 주로 미국의 군사력이지만 많은 나라의 군사력 과시와 (항공기 출격이 거의 10만 회에 달한) 무수히 많은 항공 활동의 완벽한 조화는 눈이 부실 정도였다. 이 전쟁에 참여한 6척의 미국 항공모함은 중국 해군으로 하여금 항공 무기, 특히 미국 항공모함 항공단의 위력을 깨닫게 했다. 미국 항공모함은 해당 지역에서 사용할 수 있는 공군 기지들이 과밀 상태에 있을 때, 영토에 매달릴 필요 없이 작전 구역 가까이에서 항공기를 운용할 수 있었다. 이 사건이 원동력이 되어 중국은 야심 찬 해군 발전 계획에 뛰어드는 결정을 내렸다.

1994년, 몬테고 베이 협약에 따른 새로운 해양법이 발효되었다. 그렇지만 중국은 이를 비준했음에도 불구하고, 타이완 해협에 대해 모순적인 태도를 취한다. 해양법에 따르면 이 해협은 공해지만, 중국은 자국 주권하에 있는 것으로 간주한다.

3차 타이완 해협 위기: 1995~1996년

1992년, 중국 공산당 14차 전국대표대회에서 타이완에 대한 국내 정책을 조율하는 책임자로 장쩌민이 임명되었다. 그는 그때까지 덩샤오핑이 '통일'의 서막이라고 치켜세운, 타이완에 대한 평화적 관여 정책은 실패라고 평가했다.[23]

서구 국가들과의 관계는 1989년 톈안먼 광장 시위를 유혈 진압한 이후 극도로 악화되었다. 1993년 8월, 중국은 《타이완 문제와 중국의 통일》이라는 제목의 백서를 발간해 중국의 의도에 모호한 점이 하나도 남지 않게 했다. 1994년 초, 한 회의에서는 걸프 전쟁에서 얻은 교훈을 바탕으로 새로운 전략이 부상했는데, 그에 따라 인민해방군의 전력 과시만으로도 적이 싸우려 들지 못할 것이라는 견해를 장려했다.

1996년 3월에 있을 타이완 선거에서 베이징과의 관계 개선에 반대하는 독립 지지 정당이 승리할 위험이 있자, 중국으로서는 이를 받아들일 수 없었다. 중국은 타이완 해협 건너편의 푸젠성에서 대규모 군사 훈련을 계획했다. 워싱턴과 타이베이의 예상되는 반응을 무마하기 위해 중국은 공격용 무기를 사용하기 전에 방어용 수단을 먼저 전개했다. 1995년 7월 18일, 중국은 7월 21일에서 28일까지 타이베이 북동쪽 150킬로미터 지역으로 미사일 시험 발사를 6회 실시한다고 발표했다. 8월 15~25일, 항공기와 전함에서 대함 미사일과 대공 미사일을 같은 구역에 발사했다. 8월 18일에는 지하 핵실험을 실시했다. 타이완 선거가 다가오자, 인민해방군 해군은 타이완 해협 남서쪽에 있는 동산섬에서 대규모 수륙양용 훈련을 실시했다. 위협 작전은 성과를 거둔 것 같았다. 12월 19일, 타이완의 입법위원 선거에서 베이징과의 관계

회복에 우호적인 후보들이 과반수를 차지했다.

당시 미국은 인디펜던스(Independence)호(CV-62)와 니미츠(Nimitz)호(CVN-68) 두 항공모함 전단을 파견했다. 이는 1950년대 이래 이 지역에서 가장 규모가 큰 해군 전개였다. 선거 당일인 12월 19일에는 1979년 이후 처음으로 타이완 해협으로 니미츠호를 통과시켰다. 미국이 타이완 해역에 항공모함 2척과 이지스함 1척을 포함해 전함 14척을 전개해 40년이 넘는 동안 최대 무력시위를 벌이리라 예상했다면, 중국은 이런 위기를 자초했을까? 아마도 그랬을 것이다. 이 덕분에 기준 상대의 준비 수준을 가늠할 수 있었기 때문이다.

1996년 타이완 해협 위기의 여파 중 하나는, 이 위기로 자극받은 중국이 미국과 타이완 군사력의 구조적 취약점을 활용하면서 자국의 지리적 위치가 가진 장점 극대화를 목표로 차세대 무기 개발 및 획득에 나섰다는 점이다. 이 위기 이후 시간이 흐르면서 미국의 우위가 점차 줄어드는 것이 확연히 드러났다. 장차 충돌이 벌어진다면, 미국 해군은 타이완에 가해지는 중국의 압박을 물리치는 데 훨씬 더 많은 어려움을 겪을 수 있다.

오늘날 미국은 중국의 신기술, 특히 중국 언론이 '항공모함 킬러'라고 극찬하는 DF-21과 DF-26 같은 극초음속 미사일 분야에서 전함의 기동성과 탄도미사일 요격 무기 등 즉각적인 대응책이 전혀 없다. 앞선 존재감과 해군력의 전개로 지역 안정을 확보하는 미국의 능력은 곧 사라질 수도 있다. 그렇지만 우크라이나 전쟁에서 보듯, 적의 무기가 실제 전투 상황에서 그 유효성을 증명하지 못하는 한 적의 신무기를 과대평가할 필요는 없다.

항공모함이 전투에서 살아남는 막강한 능력을 믿는 또 다른 이유는 극초음속 미사일을 처음 개발한 중국 자신이 막대한 비용을 들여 항공모함 프로그램을 야심 차게 추구하고 있다는 점이다. 게다가 영국의 왕립합동군사연구소(Royal United Services Institute)는 중국과 비슷한 러시아 극초음속 미사일 시스템인 지르콘(Zirkon)에 관한 최근 연구에서 물리적 한계로 인해 극초음속 미사일은 이동 목표물에 대해서는 효과가 제한된다고 지적했다. 그리고 무엇보다 극초음속으로 이동하면서 미사일은 공기를 이온화해 플라스마층을 형성하는데, 이 플라스마층은 외부 수단에 의한 유도나 최종 단계에서 작동하는 자동추적 장치 같은 내장 센서 사용을 교란하거나 심지어 방해할 수도 있다고 지적했다.[24] 극초음속 미사일은 이동 목표물을 추적하려면 십중팔구 순항 속도보다 훨씬 느리게 속도를 줄여야 할 것이고, 그렇게 되면 항공모함 전단에 탐지될 수 있어 미사일 방어 체계로 대응할 수 있을 것이다. 반면에 위치가 잘 알려진 육지의 고정 표적을 겨냥할 때는 문제가 별로 없다. '괌 킬러'로 불리는 DF-26 같은 미사일은 자동추적 장치를 사용할 필요가 없어서 플라스마층 효과를 완화하기 위해 속도를 줄이지 않아도 되기 때문이다. 따라서 고정 표적이 가장 취약하다.

그렇지만 항공모함에 가해지는 위협이 끊임없이 증가하고 있다고 인정할 수밖에 없으므로 항공모함을 해협처럼 고위험 지역에서 무분별하게 전개하지 않는 것이 현명하지만, 한편 적의 방어에서는 안전거리를 확보하면서 항공모함의 함재기로 타격할 수 있는 사정거리 안에 적을 두는 것도 방법이다.

'4차' 타이완 해협 위기: 2022년 8월 3~7일

이 새로운 위기는 당시 미국 하원의장이던 낸시 펠로시(Nancy Pelosi)가 2022년 8월 2일 타이완을 공식 방문한 데 따른 결과였다. 그는 사반세기 동안 타이완을 방문한 최고위 미국 정치인이었다. 이 때문에 발생한 위기로 미국 해군이 가장 첨예한 국면에 직접 연루되지는 않았지만, 그래도 사후 대응은 단호하고 명확했다.

이 공식 방문에 대한 중국의 반응은 유난히 위협적이었다. 중국은 타이완 주변에 출입금지구역 6곳을 설정하고 그곳에서 8월 3~7일 실탄 군사훈련을 실시했다. 어떤 훈련은 타이완 영해를 침범하기도 했다.

타이완도, 타이완의 이익도 타격을 받지 않아서 미국의 반응도 상황을 악화시키지 않으려고 아주 신중했다. 이런 반응은 중국 군사 역량의 향상을 미국이 인정하는 것으로 해석되었고, 미국은 앞선 위기 때와는 달리 타이완 해협으로 항공모함을 통과시키지 않았다. 그렇지만 미국은 미사일을 탑재한 타이콘데로가(Ticonderoga)급 순양함 2척으로 구성된 다른 형태의 전력 투사 수단을 처음으로 타이완 해협으로 보내 해협의 공해 성격에 대한 미국의 강경한 입장을 확인시켰다. 2022년 8월 28일, 앤티텀(Antietam)호와 챈슬러스빌(Chancellorsville)호는 해양법에 따르면 항행과 비행의 자유가 적용되지만 중국이 자국 내해로 간주하는 타이완 해협을 통과했다.

언론에서 거론하지는 않았지만, 이 임무의 특이성을 인민해방군 해군 측에서 주목하지 않고 넘어갔을 리 없다. 순양함 1척이 홀로 또는 급이 낮은 함정을 대동하고 통과한 적은 있었지만, 각각 토마호크 순항미사일을 포함해 122기의 미사일을 수직 발사대에 탑재할 정도로 막강한 타격 능력을 보유한 순양함 2척이 함께 해협을 건넌 것은 처음이었다.

상대국 전략을 하나씩 자기 것으로 만들기

류화칭 제독은 육군 출신이지만 흔히 '현대 중국 해군의 아버지'로 불린다. 1982년에서 1988년까지 중국 해군 사령관이었던 그는 근본적인 개혁에 나서 해군을 연안 방위군에서 대양 해군으로 변모시켜 자국에서 먼 곳에서도 작전을 수행할 수 있게 만들었다. 그는 항일전쟁과 대장정에 참여했고, 1989년부터 1997년까지 중앙군사위원회 부주석이었다. 1980년대 중엽 해양 전략에 관해 중대한 전망을 확정한 이도 그였다. 류화칭은 '해양력'의 중요성과 특히 20세기 이후 해군 항공 부문의 중요성을 잘 이해하고 있었다. 당시 공동의 적이었던 소련에 대항하기 위해 1984년 8월 미국 해군 및 공군과 추진한 협력 조약을 협상하는 도중에 그는 미군 장군들과 항공모함에 대해 자세히 이야기할 기회가 있었다. 1986년 1월 1일, 해군 훈련을 하면서 미국과 중국의 함선들이 처음으로 같이 항해했다.

항공모함 개발 프로그램

미국과의 화해와 서구 기술의 습득

1985년, 류화칭 제독이 미국을 방문하고 나서 몇 달 후, 중국의 한 선박 해체 회사가 영국이 설계한 오스트레일리아의 항공모함을 구매했다. 영국은 대부분 혁신의 원천이어서, 그 혁신으로 이런 종류의 전함 개념을 창출했을 뿐만 아니라 사출 장치, 정지 기어, 경사 갑판, 착륙 유도 거울 등 기술과 작전의 성숙을 기할 수 있었기에 이는 현명한 선택이었다. 당시 중국은 미국과 막 화해한 상태여서, 이런 종류의 전쟁 물자를 거래하려면 사전에 승인을 얻어내야 했다. 그리고 성급히 무장해제된 이 항공모함은 최상의 기술 수준을 유지하고 있었다.

멜버른(Melbourne)호(R21)는 영국이 건조한 글로리 유형(Glory type)의 항공모함으로, 1945년 2월 28일에 건조를 시작해 1952년 말에 완성되었고 그 직후인 1953년 1월에 취역했다. 배수량 1만 6000톤(만재 배수량 1만 9966톤)에 경사 갑판(5.5도)과 증기 사출 장치를 갖추었다. 1968년과 1971~1973년에 개조해 증기 사출 장치 2기와 착륙 유도 거울을 장착했다. 1981년에 오스트레일리아 해군은 1990년까지 작전 능력을 유지하기 위해 멜버른호를 다시 개조하기로 결정했다가, 1982년 6월에 결국 항공모함을 무장해제하기로 했다. 1985년 2월, 오스트레일리아의 기함이던 이 항공모함을 중국 다롄항에서 고철로 해체하기로 하고 중국조선연합공사에 140만 오스트레일리아 달러에 팔았다.[25] 그렇지만 중국은 스카이호크(Skyhawk) 제트기와 트래커(Tracker) 프로펠러기 같은 항공기를 운용할 수 있는 CATOBAR 항공모함의 역공학 참조용으로 그 비행갑판을 보존했을 것이다.

소련산 경항공모함의 선택

유일하게 진정한 항공모함을 건조할 수 있는 나라들인 미국과 그 동맹국들과의 밀월 기간은 짧았다. 1989년 4월 15일에서 6월 4일까지 톈안먼 광장에서 벌어진 시위 탄압의 여파로 중국향 무기 수출이 전면 금지되었다. 이 금지는 2023년 현재도 여전히 유효하다. 같은 시기에 조금씩 몰락하던 소련 제국은 더 유지할 수 없게 된 함대의 중요한 부분, 특히 경항공모함을 해체해야 했다. 중국의 항공모함 계획으로서는 새로운 횡재였다.

3년에 걸쳐 중국 기업들은 소련 시절의 경항공모함 3척을 '오락'용으로 구매했다. 1998년에 민스크호와 바랴그호를, 2000년에 키예프호를 들여왔다. 그렇지만 대단한 구매액(3억 3400만 미국 달러)을 보면 국가가 관여하고, 조선소들이 협력했을 것이다. 바랴그호를 구매한 청룽 여행사에는 은퇴한 중국군 해군 장교들이 여러 명 있었다. 구매자가 내건 계획은 항공모함을 마카오에서 해상 카지노로 개조하는 것이었다. 하지만 과거 포르투갈 식민지였던 이 해역의 수심은 함선이 정박할 만큼 충분히 깊지 않았고, 개발 허가 신청을 하지도 않았을 것이다. 2002년 초에 바랴그호가 도착한 곳은 마카오에서 한참 떨어진 중국 북부의 다롄항이다. 바랴그호(구 리가호)는 STOBAR형의 경항공모함이다. 쿠즈네초프제독호와 같은 종류로, 1988년에 진수했지만 완성하지 못했다. 1993년에 70퍼센트 완성 상태였으며 나중에 조선소가 중국에 매각했다. 배수량이 5만 9100톤이고 만재 배수량은 6만 5000톤이다. 이 배의 항공 시설로는 출격 각도 12도의 발사대 하나와 7.5도로 기울어진 경사 갑판 하나가 있다. 이 배가 미래의 랴오닝호다.

키예프호와 민스크호는 소련이 건조한 같은 유형의 경항공모함이다. 두 배는 소련의 모든 경항공모함처럼 현재 우크라이나의 미콜라이우에서 건조되었다. 각각 1972년과 1975년에 진수해 3년 후 취역에 들어갔다. 배수량이 3만 6000톤(만재 배수량 4만 3000톤)이고, 4.5도의 경사 갑판 하나는 갖추었지만 스키 점프대(발사대)는 없다. 이 배들은 수직이착륙기인 야크-35 포저(Yak-38 Forger)기를 운용한다. 순양함이자 항공모함인 하이브리드 함선이어서 이 배들은 "모든 곳에 적합한 무용지물"이라는 말을 들었다. 중국 해군의 필요에 따라 개발할 수 있는 함선 종류를 선택할 때 중국이 이 함선들을 배제한 이유가 여기에 있었을 것이다. 이 함선들은 놀이공원과 군사 박물관으로 개조되었다. 민스크호는 관리가 되지 않은 채로 난퉁항 앞바다에 정박해 있어서 상태가 아주 나쁠 것이다.

전략 및 기술 설계 숙련도의 진화

이 시기에 고위직을 맡았던 코다 요지 일본 제독에 따르면, 미국은 1990년대 중엽에 다시 중국과 가까워졌고, 이 관계는 클린턴 행정부에서 오바마 행정부까지 계속되었다. 일본의 절박하고 거듭된 경고에도 불구하고 미국은 중국을 미래의 경쟁자로 보지 않았다. 토론과 미국 항공모함 방문, 비행 기동시범이 이루어졌다. 이런 만남은 중국 해군이 자체 항공모함을 기획하는 데 분명 도움이 되었을 것이다.

장쩌민 주석은 1990년대 말에 항공모함 프로그램 추진을 결정했고, 중앙군사위원회는 첫 번째 항공모함 건조를 2004년이나 2005년에 추진했을 것이다. 이 건조는 군사 전략 방침 개정안을 발표한 시기와 거의 확실하게 일치했다. 2004년 12월 24일, 후진타오 주석은 '새로운 역사적 임무'를 선보였는데, 그 임무 중 둘은 중국의 '국익'과 '세계 평화' 수호에 관련된 것이었다. 임무에는 제1도련선 안에서 중국이 주장하는 해양 영토와 함께 중국의 '해외 이익'도 포함되었다. 중국 해군에는 해양 교통로 통제와 해외 중국인들의 이익 및 해외 거주자들 보호는 물론 국제적인 인도적 지원과 자연재해시 구조 참여 등 국제적 역할을 부여했다. '먼바다 작전' 개념에 따라 전략적 논리와 노선은 해군의 전반적인 현대화와 그 연장선상에서 항공모함을 여러 척 획득하기로 결정하는 방향으로 나아갈 것이다.

새로운 종류의 항공모함을 1척만 개발하는 것은 중국으로서는 위험천만한 사업이었다. 항공모함의 기술 설계는 숙달했지만, 대규모 전함 조선소(특히 우크라이나의 미콜라이우 조선소)에 대한 지식을 이제는 보유하지 못한 러시아 같은 나라와 그런 사업을 협력하면, 프로젝트가 위험에 빠질 것이다. 그렇게 하면 매우 현대적인 조선소와 강력한 산업 역동성을 보유한 중국이 도리어 자국의 혁신 성과를 억지로 나누어야 했을 것이다. 남아 있는 유일한 해결책은 간단했다. 기술 습득 단계를 통해 더 용이하게 시작하고자 가능한 모든 것을 모방하면서 혼자 계획을 추진하는 것이다. 중국은 완성 단계에 있는 함선 건조를 마무리하는 정도의 절차를 선택하고 러시아의 쿠즈네초프호와 같은 종류의 함선을 참조용으로 활용할 수 있어 실패 위험을 크게 줄일 수 있었다. 이 경항공모함을 사용하면서 많은 어려움이 있었던 러시아는 중국에 거절할 이유가 전혀 없었고, 심지어 이 경항공모함을 원래 상태로 복원하는 데 중국의 도움을 기대할 수도 있었다.

서구형 항공모함이 경항공모함보다 우월하다고 확신했지만 그래도 중국은 항공모함 설계를 다음과 같이 단계적으로 숙달하는 선택을 했다.

- 외국에서 획득할 수 있는 최첨단 경항공모함의 건조를 마무리할 것.
- 경항공모함에 철저한 기술적 시험을 실시해보고 쿠즈네초프호에서 얻은 성능과 비교할 것.
- 할 수 있는 모든 것에 역공학을 시행할 것.
- 필요한 변경사항을 확정해 그에 따라 계획을 수정할 것.
- 개량판 함선을 건조해 연구실과 조선소의 전문 역량을 완성할 것.
- 진정한 항공모함 설계도를 그려 사출 장치와 보충 시스템을 개발하면서 항공모함을 건조할 것.

함재기의 개발과 사용, 그리고 인력 훈련에도 효율적인 방법론을 적용했다. 그 결과 이미 러시아에서 운용 중인 수호이(Sukhoi) Su-33(또는 Flanker-D)의 중국판인 선양 J-15가 채택되었다.

미래 경항공모함의 비행갑판과 함교의 복제본이 우한의 육지에서 사무실 건물 옥상에 건설되었다. 경항공모함이 승조원들을 수용할 수 있을 때까지 그 복제본으로 비행갑판의 승조원들을 훈련시킬 수 있었다. 그와 함께, 비행 편대 조종사들은 브라질 항공모함 조종사들에게 복제본에서 이륙하고 착륙하는 훈련을 받았을 것이다. 2012년 11월, 랴오닝호에 J-15 전투기들이 처음 적재되었다. 첫 번째 CATOBAR 항공모함이 될 푸젠호에 적재하도록 특별히 고안된 J-15기가 2016년 말에 시험용인 전자식 항공기 발진 시스템(electromagnetic aircraft launch system, EMALS) 활주로에서 처음 사출 이륙을 실시했다. 이 활주로는 랴오닝성 서부에 위치한 싱청 해군 항공대 훈련소에 마련되어 있다.

2021년 10월 9일, 함재 전투기 학교가 운영되었다. 이 학교는 조종사들의 주야간 착륙 자격을 인증했고 전투기들의 편대 출격을 실시했으며, 지상에서 자격을 얻은 조종사들의 전환 프로그램과 함께 중등학교 출신 신병 훈련도 맡아 자격을 부여했다.

2024년 현재 중국 해군은 STOBAR 경항공모함 2척의 함재기용으로는 물론 육상 훈련용으로 약 70대의 J-15기를 보유하고 있다. 푸젠호에서 사출 이륙을 할 수 있는 신형 기종을 개발 중이고 J-15B로 명명했다. 5세대 신형 전투기 J-35도 시험 중이다. 미군의 E-2C 호크아이(Hawkeye)와 구별할 수 없을 정도로 닮은 공중조기경보기 KJ-600은 2020년 8월에 첫 비행을 실시했고, 그렇게 해서 보유 항공 수단의 수량을 보충했다. 해군 항공기와 인력은 푸젠호에 언제라도 승선할 준비가 되어 있다. 2024년 푸젠호는 시험 운항에 성공할 수밖에 없을 것이다.

001형 랴오닝호

바랴그호는 미콜라이우에서 견인되어 2002년 3월 3일 중국 동북부의 다롄에 도착했다. 이 배의 분석과 연구, 마무리 작업은 2011년까지 계속되었다. 처음에 스랑[26]으로 명명된 바랴그호는 2011년 8월 10일에 바다로 첫 출항을 했다. 2012년 9월 24일, 랴오닝[27]으로 재명명된 중국의 첫 항공모함 취역식이 다롄항에서 거행되었다. 본격적인 가동 승인은 2013년에 새로운 모항인 칭다오에서 이루어졌다. 2013년 11월 25일에서 2014년 1월 2일까지 랴오닝 경항공모함은 바다에서 37일간 시험 운항과 전투 체계 평가를 실시했다.

2016년 12월 25일, 랴오닝호와 호위 수상함 5척으로 구성된 항공모함 전단이 타이완을 우회해 남중국해로 진입했는데, 이는 랴오닝호로서는 처음이었다. 랴오닝호는 제1도련선을 넘어 일본 열도 근처의 미야코 해협을 통과해 동중국해에서 나와 타이완과 필리핀의 경계인 바시 해협을 통해 남중국해로 들어갔다. 2017년 7월 7일, 랴오닝호는 처음으로 홍콩에 기항했다. 영국의 과거 식민지에서 시진핑 주석의 성대한 방문 후 일주일도 지나지 않아 벌인 이런 무력시위는 고도로 상징적이었다. 이는 또한 홍콩 반환에 맞춘 인민해방군의 홍콩 진입 20주년을 기념하는 것이기도 했다. 강대국의 귀환과 중국의 주권을 표방하는 기회였다.

2018년 1월 4일, 랴오닝 항공모함은 항공단을 함재하고 전함 5척의 호위를 받으면서 처음으로 타이완 해협을 통과했다. 상징성에 심취한 중국은 여러 번의 타이완 해협 위기에서 겪은 뼈아픈 일들을 역할을 바꾸어 재현하는 데 집착했다. 명예는 지켜졌다. 시진핑 주석이 타이완 분리주의에 대해 강력한 경고를 날린 후, 랴오닝호 항공단은 2018년 3월 20~21일 타이완 해협을 다시 넘어서 남쪽으로 날아갔다. 그렇지만 랴오닝호는 두 중국의 암묵적인 국경인 두 나라 사이의 중간선에서 서쪽 편에 머물러 있었다.

2018년 5월 31일, 랴오닝호의 항공단은 첫 단계 작전 역량에 도달해 경항공모함에서부터 전투 작전을 실행할 수 있었다. 항공단은 선양 J-15 20기와 함께 헬리콥터(창허 Z-18과 Ka-31, 하얼빈 Z-9) 10여 기로 구성될 것이다.

002형 산둥호

2014년 초, 두 번째 STOBAR 경항공모함 건조가 다롄에서 시작되었다. 이는 랴오닝호의 중국산이면서 개선작이었다. 2015년 12월 31일, 시진핑은 온전히 자력으로 전함을 건조하겠다고 공식 발표했다. 이 경항공모함은 2017년 4월 26일에 진수해, 2018년 5월 12일 바다에서 시운항을 시작했다. 2019년 8월 13일, 함재기 수는 J-15 전투기 30대로 예상되어, 20대밖에 싣지 못하는 랴오닝호보다 50퍼센트 향상되었다. 이는 함교를 줄인 상부 구조물, 갑판에 추가한 주차 구역, 격납고의 최적화로 얻은 결과였다.

2019년 11월 17일, 산둥호는 처음으로 타이완 해협을 통과해 남쪽으로 향했다. 이 작전의 상징적 성격도 밝혀질 필요가 있다. 이 작전은 타이완 차이잉원 총통이 유명한 타이완 독립파인 라이칭더를 2020년 선거에서 러닝메이트로 삼겠다고 발표한 직후에 실시되었다. 한 달 후, 산둥호는 새로운 모항인 하이난섬의 싼야에서 현역 복무에 들어갔다.

003형 푸젠호

2019년 4월 17일, 중국 상하이의 장난 조선소에서 중국이 진정한 항공모함을 건조하는 것처럼 보이는 인공위성 영상이 찍혔다. 중국의 군 현대화에 대한 미국 국방부 연례 보고서에 따르면, 이 항공모함은 경항공모함보다 더 크고 사출 장치를 탑재했을 것이다. 그래도 미국의 10만 톤급 항공모함보다는 약간 작겠지만, 프랑스의 4만 2500톤급 샤를드골(Charles de Gaulle)호보다는 클 것이다.

2022년 6월 17일, 003형 푸젠호가 실제로 진수되었다. 이 배는 전자기식 사출 장치를 보유한 유일한 항공모함인 제럴드포드(Gerald Ford)호를 본떠 전자기식 사출 장치를 탑재한 중국의 진정한 첫 항공모함이다. 푸젠호는 2024년 5월 1일 첫 해양 시운항에 들어갔다.

종류나 기한을 발표하지는 않았지만, 차기 항공모함도 계획되어 있다. 2024년 3월, 중국 해군의 정치위원은 두 번째 항공모함(004형)의 (아마 10만 톤 이상이 될) 배수량과 (핵추진이 될지 아닐지) 추진 방식을 곧 발표하겠다고 했고, 서구의 관측 위성에 이 항공모함 건조 장면이 포착되었다. 게다가 인도의 퇴역 공군 장군 아닐 초프라(Anil Chopra)는 2024년 3월 10일 자 〈유라시아 타임스(The Eurasian Times)〉에 실린 논설에서 중국이 지금부터 2035년까지 운용 가능한 항공모함과 경항공모함 6척 보유가 목표라고 선언할 것이고, 이 계획은 아주 순조로이 진행 중일 것이라고 발표했다. 이는 쿼드〔Quad: 4자 안보대화(Quadrilateral Security Dialogue)의 약자로 미국·일본·오스트레일리아·인도가 회원국—옮긴이〕 회원국이면서 경쟁국 해군 항공대의 위협을 주의 깊게 추적하는 나라에서 나온 신뢰할 만한 정보다.

마지막으로, 중국 해군은 신형 강습상륙함 076형의 건조를 시작했다. 이 배는 하나 이상의 전자기식 사출 장치를 탑재하고 드론은 물론 아마 고정익 항공기도 운용할 수 있는 역량을 지닌 경항공모함이 될 것이다.[28]

이는 미국 해군이 2022년에 트리폴리(Tripoli)호(LHA-7) 선상에서 실시한(늘 그렇듯이 중국이 참조한) 실험을 떠올리게 한다. 이 배는 헬기와 함께 여러 달 동안 수직이착륙기인 F-35B 라이팅(Lighting) II〔F-35B 3군 통

중국 해군의 경항공모함과 항공모함 (2024년 6월)

건조 단계	랴오닝호 CV-16	산동호 CV-17	푸젠호 CV-18
	001형	002형	003형
	STOBAR	STOBAR	CATOBAR
만재 배수량	65,000톤	70,000톤	8만~10만 톤
중국 건조 항	다롄	다롄	장난 조선소
건조 시작	1985. 12. 06	2015	2015. 03
진수 시기	1988. 12	2017. 04	2022. 06. 17
건조 기간	2005~2011		
시운항	2011. 08. 10	2018. 05	2024. 05. 01
취역 승인	2012. 09. 24	2019. 12. 17	2024/2025 (?)
항공단(전투기)	J-15 24대	J-15 36대	J-15B와 J-35
해군 기지	유치(북해함대)	하이난섬의 싼야-율린 (남해함대)	

합 전투기(Joint Strike Fighter, JSF)로 불리기도 한다] 16대를 함재했다. 미국에서 이는 만재 배수량 4만 5700톤의 경항공모함 개념에 해당한다.

그러나 아무리 강력한 전함이라고 하더라도 난공불락일 수는 없다. 비행 드론이나 해양 드론 같은 신무기는 2022년 2월 러시아의 우크라이나 침공 이후 흑해에서, 그리고 2023년 10월 7일 이후 후티 반군에 의해 홍해에서 그 효과를 입증했다. 그렇지만 이 단순한 무기의 효과는 때로 공격해 적의 방어를 무너트릴 가능성에 우선 달려 있다. 모든 무기가 그렇듯이 드론도 대비책이 개발되면 그 군사적 효과는 사라질 것이다. 긴급한 필요성이 드러난 지금 개발에 박차를 가하는 것은 지향성 에너지 무기(흔히 레이저 무기로 알려진 신무기―옮긴이)일 가능성이 매우 높다. 이런 필요에 맞춘 전자전처럼 보완적인 수단도 예를 들면 악천후에 필요할 것이고, 마음껏 혁신을 이루어낼 또 다른 수단도 있을 텐데, 결국 창과 방패의 영원한 대결이다.

중국이 항공모함에 부여할 임무를 수행하려면 얼마나 많은 항공모함이 필요할까? 기준 상대(미국)처럼 11척? 또는 그 상대를 압도하기 위해서 그 이상? 항공모함을 효율적으로 사용하는 데 필요한 전술상의 경험과 운용상의 경험을 획득하려면 얼마나 많은 시간이 걸릴까? 중국이 항공모함 전문 조선소를 따로 두지 않는 한 역량을 갖춘 두 조선소에서 항공모함들을 건조하려면 어느 정도 기간이 필요할까? (중국은 2022년에 세계 최고의 상선 건조국이어서 큰 어려움 없이 해낼 것이다.) 중국 경제는 국방 예산을 오랫동안 계속 연평균 7퍼센트씩 늘릴 수 있게 해줄까? 젊은이들이 점점 더 '연결된' 삶을 열망하는 시대에 먼바다에서 작전 중일 때는 그런 삶이 불가능한데, 자격을 갖춘 충분한 수의 승조원을 구할 수 있을까?

전력 투사와 관련해 중국은 또한 배수량 1만 톤 이상의 순양함 055형 런하이를 개발했다. 이 배는 수직 발사기 112기를 장착해 순항미사일과 함께 다른 종류의 미사일도 발사할 수 있다. 이 배는 미국의 알레이 버크(Arleigh Burke)급 플라이트(Flight) III 구축함(개별 발사기 96기)보다 미사일을 더 많이 탑재할 수 있지만, 타이콘데로가급 순양함(122기 미사일)보다는 적게 탑재한다. 경항공모함과 항공모함의 호위가 주요 역할로 보이는 이 순양함 시리즈에 포함될 숫자는 아직 알려지지 않았다. 이 순양함은 유사한 등급의 미국 전함처럼 전력 투사 임무를 홀로 수행할 수 있는 역량이 있다.

필수 능력인 군사력 투사

근해를 지배하려면 근해에 접근할 수 있는 해협들을 상시로 통제할 필요가 있다. 섬이 인도네시아에는 1만 7000개, 필리핀에는 7000개 있기 때문에 그런 해협이 중국해에는 아주 많다. 그 가운데 흘수가 깊은 선박(30여 미터)의 통행이나 잠수함의 잠항(약 100미터)이 가능할 만큼 수심이 충분히 깊은 해협만이 해군의 강력한 관심사다. 그렇지 않은 해협은 배수량이 평균적이거나 작은 배들만 통과할 수 있다. 해협을 통제한다는 것은 결국 자국의 해양 수단에는 접근을 허용하면서 상대국 해양 수단의 통행 여부를 결정할 수 있다는 뜻이다. 에마뉘엘 사사르(Emmanuel Sassard)[29]가 〈국방 연구(Revue de la défense nationale)〉에서 설명한 전쟁과 평화 사이의 모호한 지역인 '회색 지대' 작전은 중국 해군 특유의 행동 원칙에 잘 부합하는데, 이런 식으로 중국과 중국 협력국(예를 들면 캄보디아)의 경제에 필요한 물류를 통과시키면서 다른 국가들에게는 전면적이거나 제한적인 봉쇄를 취할 수 있을 것이다.

 해협을 관리할 수 있으려면 해협 주변의 섬들을 차지하는 것이 바람직하다. 지금 어떤 섬도 중국이 지배하지 못하므로, 중국으로서는 수륙양용 작전이나 공수 작전으로 주요 섬들을 점령하는 것이 필수적일 수 있다. 영토 확장을 원하지 않는다고 주기적으로 단언하는 중국을 생각하면, 이는 그만큼 중국에게 이런 섬들이 엄청난 중요성을 지난다는 것을 말해준다. 해협의 양안을 장악하면, 수로를 가로지르는 방어용 기뢰밭으로 해협을 봉쇄할 수 있고, 대함 미사일로 해상 통과를 막을 수도 있다. 해협 양편에 잠수함 초계 구역을 설정해 구역 통제 수단을 보완할 수도 있을 것이다. 해협 장악은 양측의 이해가 모두 걸려 있어서 격렬한 전투를 불러올 것이다.

중국 해군이 군사력을 투사하는 전함 수는 전함 건조 속도만큼이나 놀랍다. 이 점에서도 중국은 훈련을 늘릴 수 있도록 빠른 시일 안에 많은 전함을 보유하고, 운용 교리를 확정해 병사들이 그에 따라 훈련할 수 있기를 원한다. 2030년에 중국은 4만 톤급의 075형 강습 헬리콥터 모함 4~5척과 함께 아마도 사출 장치를 탑재한 076형 강습 경 항공모함 1척을 보유할 것이다. 또한 전략 지원군 수단을 제외하고도 2만 5000톤급 대형 상륙용 수송함 14척과 전차 상륙함 24척을 가질 것이다. 중국은 이른바 로로선처럼 해군과 협력해 훈련하는 특수 상선으로 구성된 보충 함대도 보유하고 있다. 중국 해군은 미국 해군과 마찬가지로 크림 반도에서 건조한 호버크래프트(LCAC)도 6척 보유 중인데, 이는 세계에서 가장 큰 소련의 주브르(Zubr)형 공기부양 상륙정이다. 기존 수단으로는 해안의 20퍼센트에만 접근할 수 있지만, 이 공기부양 상륙정으로는 80퍼센트에 접근할 수 있다. 이 공기부양정은 최대 중량 555톤으로, 50톤 무게의 전차 3대나 조금 더 가벼운 장갑차 8~10대를 50노트 이상의 속도로 500킬로미터까지 수송할 수 있다. 2040년에 전투 대형은 강습 헬리콥터 모함 6척, 상륙용 수송함 14척, 전차 상륙함 15척, 그리고 숫자 미상의 공기부양 상륙정으로 이루어질 것이다. 중국은 이 배들을 역공학으로 복사하고 개량한 후에 복제해서 내놓을 가능성이 아주 많다.

또한 강습 헬리콥터 모함들은 인도양으로 통하는 바브엘만데브 해협과 호르무즈 해협의 개방을 유지하는 데 적절한 규모이기도 하다. 중국 무역의 상당 부분이 이곳을 통과한다. 이 강습 헬리콥터 모함들은 스리랑카의 함반토타 같은 항구들과 모든 '진주 목걸이' 항구에서 중국의 경제·물류 이익을 보호하기에도 적절한 규모다. 그리고 과거에 그랬던 것처럼, 호위함으로 2011년 리비아에서 자국민 철수를 감독하거나 2015년 예멘의 아덴에서 외국인의 철수를 확보했지만, 호위함은 대규모 철수에 충분하지 못한 수단인 것은 분명했다. 2020년에 처음 취역한 075형 강습 헬리콥터 모함으로 중국은 다른 강대국 해군과 같은 수준에서 대규모 철수 작전을 수행할 역량을 갖추었고, 평화 시에는 자연재해나 중대 사고가 발생했을 때 인도적 지원 작전을 수행할 수 있다. 해군 외교는 특히 효과적인 영향력 수단이다. 이 시의적절한 임무는 '평화의 방주'로 불리는 중국의 병원선 다이산다오호가 수행하는 임무를 보충하면서 시행될 수 있다. 이 병원선은 2~3년마다 여러 달 '자선' 순회를 하며 현지인들에게 무상 의료를 제공한다. 2023년에는 태평양 섬들을 일주했다. 소프트 파워에 해당하는 이런 형태의 해군 외교 역시 컴포트(Comfort)호와 머시(Mercy)호라는 두 병원선을 구비한 미국의 해군 외교를 모방한 것이다.

해저에서 개입하기

최첨단 무기인 잠수함은 수중 환경의 모든 물리적 특성을 활용해 거리를 두고 비밀리에 추적하거나 사정거리 안으로 목표물에 접근할 수 있도록 고안되었다. 은밀성 개념의 최종 단계인 잠수함은 이런 점에서 거의 공격받지 않으면서 최고의 지역 침투 능력을 보인다. 승조원 수가 제한적이지만 모두 자원자이면서 고도의 훈련을 받은 해군이 잠수함의 특성을 잘 활용하기 때문에 잠수함은 동시에 여러 전투 영역에서 활동하는 대형 해상 전함에 비해 결정적인 이점이 있다. 똑같은 이유로 잠수함은 다른 잠수함들에게도 가장 두려운 적이다. 잠수함의 에너지 생산 방식과 잠수함이 내는 소음 수준, 잠수함에 부여된 자율성은 잠수함에 맡길 수 있는 많은 임무 중 전부 또는 일부를 수행할 수 있는 능력에 많은 영향을 끼친다. 원자로는 행동반경은 물론 속도에 있어서 공격 핵잠수함에 거의 무한대의 에너지와 그에 따른 뛰어난 전략적 이동성을 제공한다. 공기 불요 추진(air independent propulsion, AIP) 장치를 갖춘 디젤 전기 잠수함은 아주 은밀하게 느린 속도로 여러 날 운항할 수 있다. 단순 디젤 전기 추진 장치를 장착한 신형 디젤 전기 잠수함은 전술 이동성을 보유하며, 그 이동성 정도는 잠수함에 장착된 전기 에너지 충전 방식에 달려 있다. 최신 잠수함에 장착하기 시작한 대용량 리튬 배터리를 지닌 잠수함은 작전 중에 상당 기간 꾸준한 속도로 운항할 수 있지만, 납 배터리의 성능은 그에 훨씬 못 미친다. 그렇지만 선적 가능한 부피에 한계가 있으므로 배수량이 같다면 에너지 발생 시스템(디젤 전기식인 AIP)과 에너지 축적 시스템(배터리) 사이에 절충이 필요하다. 중국의 최신 039C형 디젤 전기 잠수함은 공기 불요 추진과 리튬 전기 충전 방식을 혼합할 것이다. 이 잠수함은 대륙 근해에서 반접근/지역거부 전략에 완벽하게 맞춘 것이어서, 제1도련선 밖에서 연합국 해군을 제지하는 용도다. 이 잠수함은 대잠수함·대함 중어뢰와 대함 중형 미사일, 대지 순항미사일을 발사할 수 있고, 또한 필수 통과 지점에 공격용 기뢰 설치 작전을 수행하기 위해 제한된 수의 무기를 수중에 투하할 수도 있다. 최신형 핵추진 공격 잠수함은 배수량에 따라 같은 종류지만 더 많거나 적은 수의 무기를 장착한다.

냉전 초기부터 누려온 연구개발과 혁신의 엄청난 수단과 그 수 때문에 세계의 기준이 된 미국 해군의 잠수함은 막대한 전력 투사 수단을 갖추고 있다. 그 잠수함들은 등급에 따라 더 많거나 적은 양의 미사일을 장착하는데, 오하이오(Ohio)급 순항미사일 핵잠수함(SSGN)[30]이 가장 많은 미사일을 탑재한다.[31]

그렇지만 잠수함은 수상함이 '항행의 자유' 작전을 수행할 때 하는 것처럼 무력 과시에 적합하지는 않다. 해상에서 항해하면 은밀한 잠행이라는 잠수함의 주요한 전술적 이점을 잃어버린다. 바로 이런 은밀성이 잠수함에 신출귀몰한 능력을 부여한다. 적은 잠수함의 존재 여부와 위치, 그 숫자도 모르기에 잠수함의 위협은 광범위하고 지속적이다. 잠수함의 역할은 무엇보다 공격하기 전에 해군의 항공단이나 해병대가 개입해야 하는 지역에서 전술 환경과 해양 환경에 대한 정보를 수집하는 것이다. 이런 선발대 역할로 잠수함은 그 지역을 훤하게 꿰뚫어 적의 잠수함 위협이 없음을 확인하거나, 반대 경우에는 그 위협을 처리할 수 있다. 미국·영국·프랑스 해군에는 모두 공격 핵잠수함 1척이 해군 항공단에 합류해 있다.

공격 핵잠수함을 보유한 미국과 그 동맹국들은 중국 근해에서 잠수함의 실제 존재에 대한 의심이 떠돌아다니게 내버려둔다. 이는 미래에 전투가 벌어질 수 있는 해역을 탐색하면서 중국 해군 내에 불안감을 조장하기 위해서다. 잠수함 추적에 중국이 많은 해군과 공군 수단을 할당하면 다른 작전 구역에서 그 수단들이 부족해질 수 있다.

그렇지만 2021년 10월 2일 남중국해의 암초에 부딪힌 후 수면 위로 부상할 수밖에 없었던 시울프(Seawolf)급 공격 핵잠수함 코네티컷호(SSN-22)[32]가 겪었던 것과 같은 손상은 미국 해군에게 중요한 실패다. 이 사건으로 남중국해에서 아주 안전하게 은밀한 작전을 수행할 수 있을 만큼 미국 해군이 남중국해 수심을 잘 알지 못한다는 것이 드러났다.

서구의 해군들이 수행한 작전을 면밀하게 연구한 중국 해군은 효율성을 기하려고 많은 훈련이 필요한 같은 유형의 작전을 실행하거나 그럴 준비를 하고 있을 가능성이 높다. 특히 타이완 해협의 경우 얕은 수심 때문에 수면으로부터 안전한 깊이로 항해하기 어렵고 기뢰 위협에도 노출되어 잠수함 운용이 어렵다.

잠수함 사고

잠수함 항해는 코네티컷호 사고가 증명하듯이 위험에서 자유롭지 않다. 중국 해군 역시 다른 모든 해군처럼 여러 사고를 겪었다. 공산당의 언론 통제 때문에 대부분의 사고가 대중에게 알려지지 않았을 뿐이다. 그중 단 두 건만 기사화되었지만, 사고 원인을 공개한 적은 없다. 이는 아마도 중국 해군의 잠수함 부대, 더 나아가 중국의 체면을 구기지 않으려는 것이다. 그렇지만 그런 사고는 기술적인 문제라면 잠수함 항해에 내재되어 있다. 국제 민간 항공 부문 사고 조사국의 경우처럼 분석 경험에서 얻은 교훈을 공유하면 사고가 다른 곳에서 재발하는 것을 피할 수 있고, 그렇다고 임무나 지리적 위치 등 기밀 정보를 누설하지 않아도 된다.

첫 번째 사고는 2003년 4월 25일 보하이만에서 발생했다. 이 사고는 재래식 잠수함 361호와 관련 있는데, 이 잠수함은 1995년에 취역한 035G형 밍(明)급의 최신 모델 중 하나였다. 잠수함은 해치가 잠겨진 채로 수면에서 표류하는 가운데 발견되었을 것이다. 승조원 70명이 사망했다. 조사위원회는 조사 결과 통보 약속에도 불구하고 아무것도 공표하지 않았다. 그렇지만 이런 유형의 사고는 잠수함 승조원들 사이에 잘 알려져 있어 여러 나라가 그런 사고를 안타까워했고, 그중에는 1970년 갈라테(Galatée)호 사고를 겪은 프랑스도 있다. 이유는 늘 같아서, 사람들이 의식을 잃을 때까지 잠수함 기압이 낮아지는 것이다. 원인은 디젤 엔진 하나 이상이 멈추지 않거나 선상 화재가 발생했는데도 실내 공기를 바꿀 수 없기 때문이다. 선상에 있는 산소는 소비되는데 공기가 빨리 바뀌지 않으면 사람은 산소 결핍으로 죽는다.

두 번째는 〈데일리메일(Dailymail)〉만 소식을 전했던 093형 공격 핵잠수함 417호 관련 사고다. 이 잠수함은 2023년 8월 21일 황해에서 사고를 당해 침몰했을 것이다. 이 사고로 함장을 포함한 승조원 55명이 질식사했다. 잠수함은 대잠수함 케이블에 걸리는 바람에 해저에 간

혀 냉각 회로가 진흙으로 메워지는 것을 피하고자 원자로를 비상(정지) 상태로 둘 수밖에 없었을 것이다. 비상용 공기 재생 시스템은 훼손되었거나 충분하지 않았을 것이고, 이 때문에 공기가 조금씩 오염되어 승조원들은 질식사했을 것이다.

미국 자료에 따르면, 시아(夏)급 탄도미사일 핵잠수함 1척도 사고로 유실되었을 것이다.[33]

핵잠수함 개발 프로그램

중국의 중앙군사위원회는 1958년에 핵추진 잠수함 건조 프로그램을 진행하라는 임무를 부여받았다. 그 후 모든 핵추진 잠수함처럼 후루다오에서 건조된 한(漢)급 공격 핵잠수함 2척이 각각 1974년과 1980년에 처음으로 취역했다. 서구의 해군들은 그 작전 능력을 의심했다. 그 잠수함들은 탄도미사일 핵잠수함(SSBN) 설계에 숙달되는 긴 과정 논리 속에 들어 있었고, 병행해서 개발한 억지력 무기 체계를 탄도미사일 핵잠수함에 장착하기에 앞서 이 과정을 통해 잠수함들에 실린 핵추진의 유효성을 검증할 수 있었다. 최초의 탄도미사일 핵잠수함은 1981년 4월에 진수되었다.

탄도미사일 핵잠수함은 핵탄두를 탑재한 전략 탄도미사일을 갖추고 있다. 탄도미사일 핵잠수함은 초계 중에 국가의 사활이 걸린 이익이 침해되었을 경우 언제든 반격을 가할 수 있게끔 고안되었기 때문에, 억지력의 핵심은 탄도미사일 핵잠수함에 있다. 이 잠수함의 임무는 발사 명령에 끊임없이 귀를 기울이면서 목표물을 사정거리 안에 두고 철저히 은밀하게 항해하는 것이다. 중국의 최신형 미사일(JL-3)은 사거리가 1만 킬로미터 이상일 것이다. 취역 중인 중국의 모든 탄도미사일 핵잠수함은 하이난섬의 싼야에 암석을 파서 만든 보호소를 기지로 삼고 있을 것이다. 남중국해의 보루인 그곳에서 출항을 준비한 후 3시간 안에 잠수할 수 있다. JL-3 미사일은 이 잠수함들에서 미국 서부 해안까지 다다를 수 있다. 게다가 신형 탄도미사일 핵잠수함도 개발 중일 것이다. 신형 잠수함은 한층 더 은밀하게 항해할 수 있어 '족쇄'가 되는 해협들을 통과하고 나면 태평양 바다에서 '사라질' 것이다. 중국이 타이완을 차지하면 중국 해군은 아주 급경사를 이루는 태평양 방향 해안에 바로 잠수함 기지를 설치할 것이 확실하다. 이 기지에서는 원해로 신속히 접근할 수 있고, 그곳에서 출발한 탄도미사일 핵잠수함은 미국 영토 전체는 물론 잠수함이 표적으로 삼을 수 있는 나라 대부분을 사정거리 안에 두고 초계할 수 있다. 중국의 영향력은 한층 더 강화될 것이고, 여기에 더해 중국은 육해공 3축 체제(핵무기를 발사할 수 있는 세 가지 플랫폼, 즉 대륙간 탄도미사일, 잠수함 발사 탄도미사일, 전략폭격기를 의미—옮긴이)에서 육지 부문을 개발해 자국 영토에 수많은 대륙간 탄도미사일(ICBM) 발사 시설을 설치할 것이다. 중국은 항공 기반 부문에서도 똑같이 발전을 도모할 가능성이 높다.

    중국과 (해양이든 아니든) 분쟁이 있는 나라들은 자신들이 감당할 위험 때문에 미국을 제외하고는 존재 자체가 위협받는 경우가 아니라면 중국에 맞설 생각조차 하지 못할 것이다. 중국의 우위가 너무나 압도적이어서, 미국의 지원이 없다면 이 나라들은 자국의 입장을 관철할 가능성도 거의 없을 것이다.

잠수함의 최초 해외 작전

2004년에 중국 한급 잠수함이 일본의 해협들을 잠수해 통과했다. 그렇기는 해도 중국 해군의 공격 핵잠수함이 처음으로 원해에 전개된 것은 2013년 12월부터 2014년 2월까지였다. 이는 최초의 수상함대가 소말리아 해적 퇴치 전투에 참여하기 위해 인도양에서 상시 업무를 수행하면서 병참기지와 먼 곳에서도 지속적으로 활동하는 법을 습득하기 시작한 지 5년 만이었다. 잠수함은 말라카 해협을 수면 위로 부상해 통과하고 나서 인도양에서 잠수해 스리랑카 근처에서 수면 위로 부상했다. 이어 페르시아만 주변을 초계하고 나서 말라카 해협을 통해 귀환했을 것이다.

2014년 9월 7일에서 14일까지 송(宋)급 디젤 전기 잠수함 만리장성 0329호가, 10월 31에서 11월 5일까지는 한급 공격 핵잠수함 장정-2호가 스리랑카의 콜롬보에 기항했다. 이 두 경우에 잠수함들은 지원 함선을 동반했다. 잠수함들이 이곳에 기항한 목적은 승조원들의 휴식 외에도 중국 잠수함의 군사적 역량이 인도양에서 전개될 수 있음을 과시하고 '21세기 해상 비단길'의 일환으로 9월 17일에 스리랑카를 방문한 중국 주석의 위상을 드높이려는 것이었다. 기항하면서 인도양을 초계하는 작전은 2015년과 2016년에도 계속되었다.

잠수해 은밀하게 통과하기에는 수심이 그리 깊지 않고 통행도 너무 많은 말라카 해협을 피해 순다 해협이나 롬복 해협을 지나는 잠수 기동을 했을 가능성도 있다.

2023년 현재, 인민해방군 해군 잠수함 부대의 전투 대형은 탄도미사일 핵잠수함 5척, 공격 핵잠수함 7척, 디젤 전기 추진 잠수함 55척으로 이루어져 있다. 93B형 신형 공격 핵잠수함을 건조하는 속도는 몹시 놀라울 뿐이다. 이 잠수함들에는 프로펠러 펌프와 함께 VJ-18 대함 미사일이나 사거리 1500킬로미터의 CJ-10 순항미사일을 탑재할 것이다. 이 잠수함들을 건조하는 유일한 조선소는 4개월 반마다 1척씩 진수하고 있다. 이에 비해, 미국 조선소들은 1년에 버지니아급 공격 핵잠수함 1척을 취역시키기도 힘들고, 이 때문에 오커스(Aukus: 미국·오스트레일리아·영국의 약자로 이 3개국이 결성한 방위 조약—옮긴이) 프로그램의 일환으로 미국이 2030년부터 오스트레일리아에 잠수함을 인도할 가능성에 의문이 제기된다. 뤼비(Rubis)급을 쉬프랑(Suffren)급으로 교체하는 프랑스는 평균 2년에 1척꼴로 건조하는데, 여섯 번째이자 마지막 쉬프랑급 잠수함은 2029년에야 해군에 인도될 것이다.

따라서 중국의 잠수함 건조 속도는 유례를 찾아볼 수 없다. 중국 해군은 2030년에 탄도미사일 핵잠수함 8척, 공격 핵잠수함 13척, 디젤 전기 잠수함 55척으로 이루어진 현대적 잠수함 부대를 보유하게 될 것이다.

결론: 세계의 해상제국이 되려는 중국의 열망은 이루어질까

★

적을 알고 나를 알면 백번 싸워도 위태롭지 않다.
물이 높은 곳을 피하고 낮은 곳으로 흐르듯이, 군대는 강한 곳을 피하고 약한 곳을 친다.

―손자(孫子)

새로운 수출 시장이 필요한 중국

2024년 4월 4일 자 〈르몽드(Le Monde)〉 사설에서 알랭 프라숑(Alain Frachon)은 "중국이 갖춘 생산 장치의 주요 판로는 반드시 수출을 통해야 한다"고 지적했다. 이는 사실상 중국의 해상 물류가 증가한다는 의미이고, 따라서 해상 물류의 원활한 흐름이 중국에는 그 어느 때보다 필수적이다.

  1978년부터 세계의 공장이 된 중국이 생산한 저가의, 질이 형편없기 일쑤인 상품들이 모든 나라에 넘쳐흘렀다. 오늘날에는 이런 상품들을 흡수할 내수 시장이 부족한 중국이 헐값에 수출하는 것은 첨단 기술 제품인데, 이는 지방 정부에서 막대한 보조금을 받기 때문이다. 세계은행에 따르면, 중국은 세계 경제의 18퍼센트에 조금 못 미치는 비중을 차지하지만, 소비는 13퍼센트에 불과하다. 이는 적절한 사회정책이 없는 중국 시민들은 선진국 시민들보다 더 많이 저축한다는 사실로 설명된다.

중국산 태양광 패널, 풍력 터빈, 리튬 배터리, 전기자동차 등이 아직 또는 거의 보호받지 못하는 세계 시장에 넘치고 있는데, 중국 공장에서 생산한 자동차들에 10퍼센트 수준으로 관세를 부과했던 유럽연합 시장이 그랬다.[1] 다음 물결이 이미 치고 들어와, 세계 시장을 휩쓸 준비를 하고 있다. 그 물결은 특히 인공지능 관련 첨단 기술 제품, 자율주행 자동차, 반도체, (많은 부분 해양과 관련된) 생명공학, 그리고 디지털 경제와 관련 있다. 세계 산업 생산에서 중국의 비중은 2010년에는 20퍼센트에 불과했지만, 2023년에는 31퍼센트에 이른다. 약 10년 만에 그 비중은 세계 산업 생산의 5분의 1에서 거의 3분의 1이 되었고, 계속 증가하고 있다. 중국은 과잉 생산을 해소하기 위해 어떻게라도 수출하는 것 외에 다른 해결책이 없고, 이는 자유경쟁만으로는 상대가 되지 않는 세계 나머지 국가들을 잠식할 위협이 된다. 중국의 지방 정부가 지급하는 보조금은 미국은 물론 브라질이나 인도 등 점점 많은 나라의 보호주의 입법과 맞물린다. 유럽을 비롯한 다른 나라들은 똑같이 보호주의를 채택하거나 아니면 세계 산업 생산에서 자국의 비중이 오늘날보다도 훨씬 더 낮아지는 것을 지켜봐야 할 것이다.

주변의 이런 보호주의에 직면한 중국은 이미 부동산 거품 폭발, 관료들의 부패, 고용 시장 악화와 연결된 경제 문제에 사로잡혀 수출이 제한되고, 경제는 둔화하면서 사회 안정이 위협받고 있다. 중국의 정치 체제를 비판하지 않는다는 조건하에 국민은 부유해질 수 있다는 사회 협약의 불문율이 흔들릴 수 있다. 19세기의 대규모 반란과 봉기가 다시 수면 위로 부상해 국가 자체를 위협할 수도 있을 것이다.

막대한 수출 비중을 유지하는 일은 중국에는 실존적인 문제가 되었다. 자체적으로 문제를 해결할 수 없는 중국은 전 세계 선진국들이 중국산 제품을 더 많이 소비하지 않을 수 없게 해야 할 것이다. 강제로 중국산을 사게 하거나,[2] 많은 천연자원(납·아연·주석·금·석탄 등)의 세계 최대 생산국인 중국이 보유한 자원을 이용하지 못하게 함으로써 그렇게 할 수 있을 것이다.

이는 중국 지도자들에게는 당연한 귀결로, 그들에게 오래 각인된 '굴욕의 세기'의 설욕이자 역전된 '아편전쟁'이다. 중국에서 출발한 첨단 수출품이 자국 해군의 지원을 받아 해로로 이동하는 것은 중국의 이익을 보호하는 것만큼이나 적에 대적하는 일일 것이다. 그런데 시장이 포화 상태인데 어떻게 바다로 대규모로 수출할 것인가? 중국은 필요한 시장을 새로 정복하거나 약소국들의 공급을 차단하면서 수요를 창출할 수 있을까? 무역은 전쟁과 공존하기 어렵기 때문에 문제는 까다롭다. 핵보유국과 그 동맹국들에 대적하는 전면적인 분쟁은 어쩌면 두 차례 세계대전에서 세계가 겪었던 것 이상으로 군사적 재앙이 될 것이다.

중국은 오늘날 그렇게 할 수 있을까? 중국은 바다를 건너온 '오랑캐'들이 했던 것처럼 군사적 수단, 특히 해군을 앞세워 자국 땅에서는 피해를 입지 않으면서 자국 경제를 떠받칠 준비가 되어 있을까? 중국은 21세기 세계의 해상제국이 될 것인가? 물론 선택된 해결책은 수완 좋으면서도 신중하게 모든 형태의 영향력을 동원하는 방식일 것이며, 각 나라를 개별적으로 상대할 것이다. 이것은 바로 19세기 이래 중국의 행동에서 체계적으로 발견되는 지정학의 상수들을 실천에 옮길 때

중국이 해오던 방식이며, 이 상수들은 고색창연한 문명의 풍부한 문화에 그 뿌리를 두고 있다.

중국 해양 지정학의 상수들

이 상수들은 정치적 성격을 띠지만, 또한 외교·군사 전략과 무기 체계 획득 전략과도 관련된다. 이 상수들은 중국의 해양 활동을 종종 밝혀주는 해석의 창을 제공한다.

장기적인 시간
문명이 4000년이나 된 중국은 장기적인 시간 감각이 있다. 중국은 그 감각을 활용해 필요할 때 역사적 경험을 분석해 교훈을 얻을 줄 안다. 그래서 중국은 신중히 행동하면서 자신의 실패와 적의 실패로부터 배운다. 특히 중국은 '굴욕의 세기'를 잊지 않으려 하고, 오히려 복수를 다짐하면서 그 기억을 항상 되살린다. 시진핑 주석은 2012년 권좌에 오르면서 중화민족 부흥의 '중국몽'을 구호로 내세웠다. 그는 장기간 중국을 통치하기 위해 헌법을 수정했지만, 중국몽을 자신의 임기 중이 아니라 '굴욕의 세기'에 상징적 종말을 고할 중화인민공화국 선포 100주년이 되는 2049년에 실현하기를 바란다. 확실히 이는 일종의 독재라는 표식이지만, 1978년 이후 두 번의 5년 임기를 유지했던 주석들은 대규모 기술·군사·경제 프로젝트를 완수할 수 있었고, 후임자가 같은 노선을 견지했을 때는 더욱 그랬다. 정치적 시간이 부족한 자유

민주주의 국가에서는 이런 행동을 찾아보기 어렵다. 10년이면 대부분의 대규모 프로젝트를 추진하기에 충분한 시간이라 하더라도 시진핑이 세계적 차원에서 추진하는 엄청난 일대일로 사업은 훨씬 더 많은 시간이 필요할 것이다. 이 이유만으로도 중국의 국가수반으로 계속 남으려는 시진핑의 공작을 적어도 부분적으로나마 설명할 수 있을 것이다.

과거의 황제들과 중국의 공화정이 바다의 중요성에 대해 과소평가했음을 덩샤오핑과 그 후임들은 잘 이해했고, 그래서 그들은 유럽의 해상제국, 특히 네덜란드와 영국을 연구했다. 그런데 오늘날 세계 패권을 향한 경쟁에서 비교 대상으로 삼고자 중국이 가장 많이 관찰하는 것은 미국의 해군력과 해양력이다.

계획 능력

중국의 정치 체제는 장기간에 걸쳐 이런 분석 역량을 개발해 중국에 필요한 프로젝트들을 상세하게 계획한다. 외국인들은 미래 연구 분야에서 이런 철저함과 폭넓은 시각에 놀라기 일쑤다. 산업과 경제 측면에서 보면, 전기차 분야에 대한 장기 전망은 리튬 배터리와 전기차 및 그 부품을 개발하고 시장을 연구할 수 있게 했다. 군사 측면에서 인도양에 기지를 마련하는 결정 역시 깊이 생각한 것이다. 지부티는 1만 명을 수용할 수 있고, 아직 시험 항해를 시작하기 전인 대형 항공모함 푸젠호와 급유선을 동시에 수용할 수 있는 부두를 갖춘 대규모 해군 기지이지만, 단순히 기지만은 아니다. 지부티 해군 기지는 지중해로 접근할 수 있는, 따라서 유럽 시장으로 접근할 수 있는 주요 관문인 바브엘만데브 해협의 입구에 자리하고 있어 최고의 전략적 위치를 제공한다. 게다가 중국이 건설해 2017년부터 에티오피아와 지부티를 연결하는 철도의 종점이기도 하다. 그 후 중국 기업의 통제하에 있는 항만은 에티오피아 수입의 95퍼센트를 처리하고 있을 것이다. 이런 복잡한 프로젝트를 성공으로 이끈 계획은 에티오피아 대통령에게 영향력을 행사한 덕분이었다.

파키스탄의 과다르 항구도 마찬가지다. 중국이 건설한 이 항구는 중국이 페르시아만에서 수입하는 탄화수소(석유·천연가스 등)의 많은 부분이 경유하는 호르무즈 해협에서 300해리 거리에 있다. 그 항구에 부두를 완공하면 중국이 원할 때 해군 기지가 들어설 수 있다. 역시 중국 기업이 운영하는 이 항구는 중국-파키스탄 경제 회랑의 해양 종착지다. 이 회랑으로 신장이 내륙에서 벗어나고 말라카 해협을 통과하는 탄화수소의 흐름을 줄일 수 있을 것이다. 스프래틀리 제도의 대규모 해공군 복합 기지와 같은 사례도 빼놓을 수 없다.

이런 대규모 프로젝트들은 항상 여러 활동 영역과 연결되고, 터미널 공사와 그 운영을 장악하는 것은 철저하게 중국 기업이다. 위치 선정은 여러 목적에 체계적으로 부합한다.

법적 수단의 정교한 활용과 모호성 문화

중국은 아주 신중하게 몬테고 베이 협약 가입을 추진했다. 중국은 이 '신(新)해양법'의 영향을 주의 깊게 연구했고, 부득이하다고 판단한 중재재판소의 불리한 판결을 피하기 위해 가용 수단들을 활용했다. 중국은 2009년에 '구술서'를 전달해, 몬테고 베이 협약에 전혀 부합하지 않는데도 10단선 안에 포함되는 지역에 대한 '명백한 주권'을 주장했다.

또한 10단선의 다른 이름인 '우설선' 내의 해역에 대해 법적 관할권을 가진다고 확인했다. 중국은 모호함을 유지하기 위해 10단선 각각의 지리적 위치를 명시하지 않으려 한다. 마지막으로 중국은 기껏 구술서에만 기대 그 경계를 정확하게 명시하지 않으면서 '자국 관할권 아래 있는 해역에서' 해경 운용에 관한 국내법(2021)을 제정했다.

분열된 상대국에는 강경한 태도로

중국은 자국과 관련된 해양 분쟁에 대해 국제기구나 동맹체에 회답해주기를 항상 거부했다. 해양과 경제에서 중국의 중요성을 고려하면, 해경과 해양 민병대만 개입하는 격렬한 대치에서 중국은 항상 자국 입장을 관철할 수 있다. 중국은 이런 방식을 베트남·필리핀·일본·한국에 적용한다. 봉쇄 상황에서 중국은 절대로 뒤로 물러서서 타협을 모색하지 않는다. 장기적으로 정책을 추진하는 중국은 상대국이 정부 교체를 계기로 또는 지정학적 환경 변화로 중국의 바람대로 상황이 변화해 손을 들고 나올 때까지 요지부동인 채로 있는다.

 외교 영역에서도 중국은 별로 외교적이지 않은 요지부동의 모습을 보인다. 이것이 일부 중국 대사들이 주도하는 '전랑(戰狼, 늑대전사) 외교' 전략이다. 그들은 자신들에 반대하는 의견을 표명하는 누구에게도 모욕적으로 대할 줄 안다. 2021년이 그런 경우였는데, 당시 한 프랑스 연구자가 타이완 방문을 희망하는 프랑스 의원들을 향한 중국의 압력을 비난하자 파리 주재 중국 대사는 그를 '망나니', '미친 하이에나', '이데올로기 괴물'로 취급하면서 매도했다. 이는 전문가를 빌미로 여론에 특히 난폭하고 위협적인 영향력을 행사하는 방식이다.

상징성의 존중과 위신의 유지

'굴욕의 세기'는 중국 역사에서 고통스러운 시기만이 아니라 중국이 보상을 원하는 사건이기도 하다. 이는 중국 전문 인터넷 사이트 〈신디렉트(Chinedirect)〉가 소개하는 다음의 중국몽 설명에서 분명하게 드러난다.[3] "그것은 시진핑과 공산당의 정통성을 강화하고 '굴욕의 세기'에 복수하는 것이다. 이 위협은 바다를 건너온 모든 열강, 영국은 물론 중화제국과의 해전에서 승리하고 원명원 약탈에 가담한 프랑스와도 명백하게 관련된다. 중국의 경우 장기간에 걸친 계획 능력, 전 지구적인 세력, 그리고 상징성에 부여하는 중요성을 고려하면, 이런 종류의 위협을 가볍게 여기지 말아야 할 것이다."

여러 번의 타이완 해협 위기에서 인민해방군 해군이 겪은 실패를 기억하고 (중국이 내해로 간주하는) 이 해협을 경항공모함들이 차례로 처음 통과할 때, 모든 함재기를 싣고 호위함을 거느려 완전히 작전 태세를 갖추었다는 점에 유념할 필요가 있다. 중국이 우월한 해군력 앞에서 물러날 수밖에 없었고 그래서 체면이 깎인 순간들을 지우는 것이 이 해협 통과의 상징적 목적이다.

누적 효과와 기정사실화

미국의 중국 전문가인 로버트 해딕(Robert Haddick)은 중국이 구사하는 '살라미 슬라이싱'(salami slicing, 일종의 '소시지 자르기') 전술을 작은 조치들의 완만한 누적이라고 정의한다. 각각의 조치는 카수스 벨리가 아니지만 시간이 지나면서 합쳐져 주요한 지정학적 변화에 이르게 한다는 것이다. 이는 보프르(Beaufre) 장군이 '아티초크 작전'(manœuvre de l'artichaut)이라 부른 접근법이다. 다만 중국인들의 접근법은 장기간에 걸쳐 진행되지만, 보프르 장군의 경우에는 차후 협상의 기초로 쓸 수 있게 논란의 여지가 없는 '기정사실'을 기습적으로 신속하게 만들어내는 것이 목표다. 또 다른 중요한 차이점은 앞에서 설명했듯이, 중국에서는 토론을 기대할 수 없고 피드백도 없다는 것이다.

이런 행동 양식은 아주 효과적이어서 스프래틀리 제도에 대규모 해공군 복합 기지를 점진적으로 구축할 때 완벽하게 작동했다. 그렇지만 세컨드토머스 암초의 경우 미국과 일본, 오스트레일리아가 필리핀에 해군 지원을 제공하는 한 교착 상태가 지속될 수밖에 없다. 미국 행정부가 교체될 경우 지원은 하루아침에 사라질 수도 있어 이는 시간문제일 뿐이다. 중국은 이런 점에서도 장기적인 포석을 둔다.

베트남의 통제하에 있는 열도의 섬들은 중국이 그렇게 쉽게 흡수할 수 없을 것이다. 중국과 베트남의 관계는 스프래틀리 제도의 일부 섬 점령 때만큼이나 1974년 파라셀 제도 점령 때도 해상에서 항상 격렬했다. 그래서 치명적인 무력 사용도 일어날지 모른다. 중국은 이에 대비해 충분히 강력한 해경을 보유하고 있고, 해경은 2021년에 그 활동을 허가한 중국 법으로 보호받는다. 매립한 7개 섬이 아주 인접해 있고, 해군이 엄호해줄 수 있어 베트남의 반발을 어렵지 않게 제지할 것이다. 스프래틀리 제도에 중국이 건설하는 해공군 복합 기지는 섬들을 연결하는 기반 시설을 지으면 마무리될 수 있다. 그렇게 되면 남중국해와 그곳의 자원 통제도 이루어질 것이고, 언제라도 중국이 지배력을 행사할 수 있다.

동중국해와 댜오위다오 지배는 일본도 이곳의 영유권을 주장하기 때문에 그렇게 쉽지 않을 것이다. 이 섬들에서 가까운 타이완을 중국이 점령하면 이곳은 훨씬 더 취약해질 것이다.

기준 상대 선정

중국은 잃어버린 위대함을 되찾고 싶어 하고, 이를 위해서는 해상 수출이 절대적으로 필요하다. 과거에 해양 세력이 된 적이 없었던 중국은 현재의 패권국인 미국과 비교할 필요가 있다. 더군다나 미국은 19세기부터 제2차 세계대전까지 세계의 바다와 무역을 지배했던 영국의 역사적 후예다.

굴욕의 세기에 일부 책임이 있으면서 또한 경제적으로 중국의 주요 경쟁국인 미국의 해양력은 아주 당연히 해군 영역에서 중국이 비교 대상으로 삼는 상대가 되었다. 실수하지 않고 항상 너무나 제한된 자원을 낭비하지 않으려고 중국은 미국의 해군력을 구성하는 요소들인 핵잠수함, 항공모함, 함재기, 전력 투사함, 미사일 발사 순양함과 구축함 등을 하나하나 빠짐없이 복제한다. 그러면서 자국 근해를 지배하기 위해 반접근/지역거부 전략을 구사하는 것처럼 자국 지정학 전략의 고유한 영역에서는 혁신을 이루어낸다. 중국이 개발한 무기 체계 획득 전략에서 역공학이 설계를 숙달하는 필수 요소였고, 이 덕분에 중국은 많은 영역(특히 항공 수송 영역)에서 격차를 따라잡을 수 있었다. 이 방식은 무기 금수와 서구 기업들의 불신 때문에 점점 더 어려워진다. 서구 기업들은 이 영역에서 이익을 낼 큰 시장이 중국에 없다는 것을 오래전에 깨달았기 때문이다. 예를 들면, 대포를 단 2문만 구매하는 것은 앞으로 있을 수익성 높은 계약의 실마리가 아니라 그 대포를 복제하기 위한 방법이다. 하나는 역공학용이고, 다른 하나는 성능 참조용으로 구매 당시의 상태를 유지한다. 중국 해군의 경이로운 비약은 이런 체계적인 비교 개념의 유효성을 입증한다. 신속한 건조로 중국은 무기 체계를 복제하는 과정에서 초래되는 지체를 보완할 수 있다.

수적·기술적·동적 우월성

근해에서 상대국 해경보다 우위를 점하기 위해 중국은 선체가 철강인 선박들로 구성된 해상 민병대를 보유하고 있다. 그래서 중국 민병대 배들은 베트남 해상 민병대의 목선을 비롯해 근해에서 중국과 대결하는 연안 국가들의 선박 대부분에 위험 부담 없이 돌진할 수 있다. 민병대는 대단히 많은 수의 선박으로도 우세를 차지해, 수백 척의 배로 떼를 지어 상대 선박을 침몰시키고 암초들을 차지할 수 있다. 그런 다음 그 암초들을 소유한다. 해경 선박 역시 다른 나라 해경보다 수가 많다. 일부 선박은 천하무적의 배수량을 가져서(중국 해경 2901호 선박은 1만 2000톤으로 대형 순양함과 동급이다), 중국 해경에 맞서는 그 어떤 선박보다 중대한 동적 이점이 있다. 해경 선박은 향상된 군사화로 76mm 함포를 탑재했고, 2021년 법으로 그 정의는 여전히 불분명한 '중국 관할권' 안에서 함포를 사용할 수 있다.

인민해방군 해군은 현재 미국보다 전함 수에서 우월하고, 함대는 균형을 이루고 있다. 톤수에서는 아직 미국에 필적하지 못하지만, **빠른 속도로 선박을 건조하고 있어서 이는 그저 시간문제다**. 그리고 중국은 직접적인 이해관계가 있는 해역에 해군 전력을 사실상 집중 배치한다. 중국의 모든 항구가 근해에 위치하기에, 전 세계 바다에 분산된 미국 함대에 비해 이 해역에서는 수적 우위를 누릴 수 있기 때문이다.

현실이 된 분쟁 위험

중국은 필요한 군사력을 보유하고 있지만, 해양 접근로들을 아직 완전히 통제하지 못하고 있다. 중국은 스프래틀리 제도에 거대한 해공군 복합 기지를 단계적으로 구축하기를 선호한다. 이를 통해 중국은 이 해역에서 아주 중요한 해상 교통을 자기 뜻대로 통제할 수 있는 역량을 갖추게 된다. 남중국해로 진입하려면 말라카 해협을 지나(중국은 현재 그 딜레마에서 벗어날 수 있다), 중국이 자국 영해의 일부로 간주하는 타이완 해협을 통과한다. 필수 통과 지점인 이 두 곳 사이에서 해상 물류는 중국의 해공군 복합 기지를 따라 이어진다. 함대가 이 복합 기지에 주둔한다면, 중국의 뜻대로 물류를 통제할 수 있을 것이다. 중국은 그렇게 할 국내 사법 수단과 해군력을 이미 갖추고 있다. 싱가포르·타이완·일본 등의 섬나라들과 지정학적 섬이라 할 수 있는 한국을 먹여 살리는 이 해상 물류는 중국이 봉쇄하겠다고 결정만 하면 그럴 수 있다. 그렇지만 그럴 역량이 있는 반면에 중국 자신도 상대국들이 족쇄를 달을 경우 봉쇄당할 수 있을 것이다.

중국은 자국 수역이라 주장하는 곳에서 이미 어업을 규제했고, 점진적으로 갖추어가는 두 가지 해저 침투 수단으로 근해 자원을 탐사하고 있다. 이를 위해 보유한 잠수함 드론과 원격조종 로봇으로 중국은 해저를 면밀히 탐사할 수 있다. 또한 유인 과학 잠수정도 있는데, 그

중 펀더우저는 세계에서 가장 깊은 1만 미터 이상의 해구에도 내려갈 수 있다. 중국과학원과 다른 나라 혁신 연구 기관들이 공동으로 수행하는 이 과학 탐사로 중국은 특히 태평양과 인도양에서 이 나라들의 배타적 경제수역을 탐사할 수 있다.

중국은 제2차 세계대전 후 유례를 찾아볼 수 없는 속도로 해군을 발전시켜, 중국 해군은 이미 미국 해군보다 수적 우위에 있다. 중국은 대규모 작전을 수행할 수 있도록 군을 재편하고 있다. 하지만 아직은 그런 작전을 제대로 수행할 수 없음을 안다. 특히 중국은 육해공 연합 전투와 해전에서 직접적인 전투 경험이 부족하다. 이 때문에 16세기 네덜란드의 해양력이나 17~18세기 영국의 해양력 같은 역사적 경험의 교훈을 세밀하게 연구한다. 그러나 중국이 무엇보다 주목하는 것은 제2차 세계대전과 한국전쟁, 냉전, 그리고 걸프 전쟁에서 선보인 미국의 해양력이다. 이 전쟁들에서 미국이 전개한 작전 유형은 신속하고도 예측하기 어렵게 진화를 거듭했다. 이 전쟁들 곳곳에서 발견되는 성공과 실패는 군사학교에서 치밀하게 연구하고 전략가들이 정교하게 분석하는 대상이다. 이는 2000년도 더 전에 쓰였지만 여전히 시의성을 지닌 《손자병법》의 관점으로 이루어진다. 중국은 연구·개발·혁신 영역에서 빠른 발전의 결실인 시스템을 활용해 소중한 전문 역량을 키우고 있다. 이 점에서 중국은 엄청난 이점을 지닌다. 모든 과학 연구는 그 출처가 어디든, 군사 영역에서 누가 그 낙수효과를 누리는지와 상관없이 군부와 공유해야 하기 때문이다. 예를 들어, 물류의 경우 해외에 위치하고 중국 기업이 통제하는 해상 무역 터미널을 중국 해군의 전략 지원 항구로 사용하는 일이 여기에 해당한다. 공산당 조직이 모든 기업의 수뇌부를 차지하는 중국 공산당 체제에서 사회와 산업의 해양 활동 전체는 중국이 세계 해상제국으로 발전하는 데 기여한다. 덩샤오핑의 실용주의와는 거리가 먼 완고한 이데올로그인 시진핑이 이끄는 중국은 군사든 무역이든 과학이든 모든 해양 영역에서 경쟁자들을 압도하고자 한다. 과거에서 얻은 교훈과 끊임없이 가속화하는 혁신이 제공하는 교훈을 종합해 그렇게 한다. 그런 지식은 간첩 활동이나 영향력을 통해서도 얻고, 상호연결된 세계에서 '백도어(backdoor: 정상적인 인증 방식을 우회해서 컴퓨터에 접근해 악성코드를 설치하는 방법—옮긴이)'를 이용한 첨단 디지털 기술 수단으로도 막대하게 수집된다. 그런 첨단 기술을 중국은 도처에 수출하지만, 이를 사용하는 국가들은 그 대비책을 아직 충분히 모색하고 있지 않다.

문제는 헨리 키신저가 언급했던 "세기의 대결"에서 2049년을 기점으로 중국이 미국에 승리하는 것인데, 이 승리의 대상에는 19세기에 중국 근해와 강 연안에서 50개 항구를 강제로 열게 한 해양 국가들이 포함된다는 점을 잊지 말아야 한다. 이런 실질적인 복수욕은 경제 경쟁과 결합하는데, 경제 경쟁은 수출해야 하는 중국의 절대적 필요와 시장 포화로 나날이 더 어려워지고 있다. 중국으로서는 해상 물류 유지가 반드시 필요하지만, 중대한 분쟁이 있을 경우 제1도련선으로 대표되는 족쇄가 닫힐 위험이 드리워져 있다. 그 족쇄에서 주요 빗장의 하나인 타이완을 필요하다면 무력으로 장악하려는 의지는 이념적 이유로 중국을 통일하려는 의지와 결합한다. 경제 위기에 처한 중국을 대수롭지 않게 여기는, 2400만 명이 거주하는 이 섬의 대단한 성공 역시 이 섬을 쳐들어가고 싶어 하기에 충분한 이유다. 타이완 정당들에 따르면, 중국은 2027년에 해양 위주의 작전을 펼 수도 있다. 만약 미군이 태평양의 주요 동맹국들, 더 나아가 점점 더 많은 요청을 받고 있는 나토 동맹국들과 함께 이에 맞선다면, 이 작전은 인명과 물자에서 엄청난 손실을 빚을 수 있고, 그렇다면 시진핑에게도 처참한 결과가 될 것이다. 그렇지만 민족주의로 탈주하려는 유혹이 분명히 존재한다. 언젠가 중국이 사용하려고 하는 이 거대한 해군을 많은 비용을 들여 구축하려는 이유를 그런 유혹으로 설명할 수도 있을 것이다.

중국이 몰두하는 해군 군비 경쟁은 그들이 잘할 줄 아는 치밀한 분석의 결과다. 중국 내 경제 성장은 미진하고, 첨단 기술 상품의 수출과 연계된 경제 성장은 외국의 강력한 주체들이 취하는 보호 조치 강도와 그에 따른 수요 고갈로 한계에 도달해 계속 뒷걸음질 친다는 것을 중국은 알고 있다. 게다가 중국은 출산율이 1.05명밖에 안 되는 위태로운 인구 감소를 겪고 있어서 중기적으로 중국군의 인적 자원에 심각한 결과를 초래할 수도 있다. 단기적으로는 그렇지 않은데, 청년의 5분의 1은 직업이 없어 군 복무를 선택하도록 이끌 수 있기 때문이다.

처음으로 중국은 장기적인 대처를 할 수 없을지도 모른다. 상대국들은 서로 목적은 다르지만 중국을 무역에서는 포식자이고 군사적으로는 공격적인 팽창주의 국가인 중화제국으로 인식하며, 이에 대비하려고 모두 함께 협력하는 여러 조직〔파이브 아이즈(Five Eyes: 미국·영국·캐나다·오스트레일리아·뉴질랜드 5개국의 정보 협력 공동체—옮긴이), 오커스, 쿼드 등〕으로 결속해, 중국이 이들을 분열시키기가 점점 더 어려워지고 있기 때문이다. 게다가 중국은 부채의 덫과 장기임대차 설정이라는 외교 정책을 구사해 그 결과는 신식민주의와 유사하다.

2019년에 발간한 백서 《새 시대 중국의 국방》에는 "중국은 핵무기를 선제적으로 사용하지 않겠다는 핵 정책을 항상 견지해왔다"고 적혀 있다. 그렇지만 중국은 핵탄두 수를 급격하게 늘리고 있다. 그중 많은 전술핵무기는 아마도 해양 영역에서 사용될 텐데, 그러면 바다라는 이유로 이를 정당화할 수도 있다. 지구 표면적의 71퍼센트를 차지하고 세계 무역의 90퍼센트를 수송하며 국제 데이터의 99퍼센트를 전송하는 해저 케이블이 지나는 해양 영역으로 전투를 한정한다면, 어쩌면 핵 사용을 더 이상 자제하지 않을 수도 있다. 이런 전투는 언론인들을 멀리한 채 민간이든 군부든 전문가들만 관여할 것이다. 이를 통해 승자는 무역 관계를 재편할 수 있겠지만, 분쟁을 일반화할 위험이 따를 것이다.

중국은 모든 방면에서 해양력을 발전시키고 있어, 이를 장기간 계속한다면 세계의 해상제국이 될 것이다. 또한 해상 물류와 해양 산업의 많은 부분을 통제하고 있는데, 이는 미국도 더는 하지 못하는 일이다. 중국 함대는 지금까지 그 어떤 해군도 하지 못했던 비약적인 발전을 이루었다. 중국은 근해를 지배할 수 있으며 효율적인 산업을 보유하고 있다. 현재 중국에 부족한 것은 훈련과 전투 경험만이 가져다줄 수 있는 운용상의 효율성뿐이다. 그리고 경제가 계속 나빠진다면, 시간이다.

감사의 글

★

진전이 있을 때마다 기꺼이 원고를 읽고 논평과 비판을 해준 친구들, 자크 그라브로(Jacques Gravereau)와 베르나르 페니송(Bernard Pénisson), 로랑 아믈로(Laurent Amelot)에게 감사를 전한다.

주

서론

1. Carl Schmitt, *Terre et mer: un point de vue sur l'histoire mondiale*, trad. Jean-Louis Pesteil, Paris, Pierre-Guillaume de Roux, 2017, p. 111.
2. 국가든 비국가 기구든 개인이든 그 어떤 국가/국민의 관할권이나 주권 아래 놓이지 않은 구역.
3. François Bellec, *Marchands au long cours*, Paris, Éditions du Chêne, 2003, p. 44.
4. Bernard D. Cole, "The History of the Twenty-First-Century Chinese Navy", *Naval War College Review*, vol. 67, no 3, 2014, p. 44.
5. Roger Pélissier, *Le Troisième Géant, la Chine*, Paris, Presses de France, 1965, vol. 1, p. 59.
6. Ibid., p. 93.
7. Angus Maddison, *Chinese Economic Performance in the Long Run*, Paris, Development Centre, OECD, p. 15.
8. Ibid., p. 44.
9. 이 수치는 이론의 여지가 있지만(Gravereau, 25), 중국의 선전 자료가 되기 때문에 흥미롭다.
10. 중국인들에게 '굴욕의 세기'는 1841년 영국과 벌인 1차 아편전쟁에서 시작해 일본

이 패전한 1945년에 끝난다. 그렇지만 이 마지막 시기가 경제 쇠퇴의 종식을 의미하는 것은 아니어서 경제 쇠퇴는 마오쩌둥 치하에서도 계속되었다.

1 중국의 쇄국: 쇠락의 시대(1820~1976)
1. 중국(中國)이라는 국명은 글자 그대로 '가운데 나라'라는 의미다. 여기에는 '하늘 아래 세계'인 천하(天下), 즉 세계 전체를 암시하고 있어서, 중국인들은 하늘은 옥황상제의 왕국이고 중국 황제는 그 아들이라고 생각했다. '하늘 아래'의 범주 밖에 거주하는 사람들을 중국인들은 '오랑캐', 즉 열등하고 기이한 자들로 규정했다. 〔부연하자면, 천하는 천자의 권위가 작용하는 '화(華)'의 세계와 그렇지 못한 '이(夷)'의 세계로 구분하고, 문화권이라고 이해할 수 있는 화의 세계의 제후들은 천자에 '사대의 예법'을 이행해야 한다—옮긴이〕
2. Marie-Claire Bergère et alii, *La Chine au XXᵉ siècle*, Paris, Fayard, 1989, p. 10.
3. 당시에는 지체 없이 메시지를 전송할 수 있는 무선이나 해저 케이블이 없었고, 해로로 전달되었다. 영국과 홍콩은 1871년이 되어서야 해저 케이블로 연결되었다.
4. '양무운동'(1861~1895)으로도 알려진 자강운동은 아편전쟁에서 군사적 재앙을 겪고 나서 청나라 말에 중국에서 추진한 급진적인 제도 개혁 운동이다.
5. 중국에 설립된 외국 회사의 토착인 직원으로, 토착인 하급 직원들의 책임자나 사업 중개인으로 일한다. (구매자를 의미하는 포르투갈어에서 유래하는 말로, 외국 본사의 이익을 위해 일하는 현지인 중간 관리자, 즉 착취를 중간에서 매개하는 경제적 부역자를 의미하는 '매판'으로 흔히 번역된다—옮긴이)
6. Robert D. Kaplan, *The Revenge of Geography*, New York, Random House, 2013, p. 192.
7. 18세기 말에 6개 선단과 7만 명의 병력으로 구성된 해적 연합이 광둥성 해안을 노략질했지만, 중국 함대는 이에 맞설 수가 없었다.
8. Christine Cornet, "Wei Yuan et la conception chinoise du monde maritime", in Hervé Coutau-Bégarie(dir.), *L'Évolution de la pensée navale*, t. I, Paris, Economica/ISC, 2012.
9. Ibid., p. 68.

10. Immanuel C. Y. Hsu, "Un grand débat politique en Chine en 1874: défense maritime contre défense aux frontières", in Hervé Coutau-Bégarie(dir.), L'Évolution de la pensée navale, t. V, Paris, Economica/ISC, 2012.
11. Ibid.
12. Bernard D. Cole, "The History of the Twenty-First-Century Chinese Navy", Naval War College Review, vol. 67, no 3, 2014, p. 47.
13. 이 미국 함대는 미국과의 교역에 개항하도록 일본을 강제하려고 밀러드 필모어(Millard Fillmore) 대통령이 파견했다. 이 해군 외교 또는 '함포 외교'로 1854년 3월 31일 가나가와 조약을 체결했고, 1858년 7월 29일에는 우호통상조약을 체결했다. 이는 일본 내부에 심대한 격동을 초래했다. 대외 교역이 발전했고, 일본의 군사력이 강화되었으며, 이후 일본의 경제와 기술력은 특히 프랑스의 지원으로 발전했다.
14. S. C. M. Paine, The Sino-Japanese War, Cambridge, Cambridge University Press, 2003, p. 125.
15. 조선에서 패배한 육군의 일부는 이홍장 자신이 징집한 지방군으로 구성되었다.
16. The Geographical Journal, vol. 23, 1904, p. 421.
17. Liu Mingfu, The China Dream: Great Power Thinking & Strategic Posture in the Post-American Era, New York, CN Times Books, p. 3.
18. 19세기에서 20세기 초에 주로 군사적 패배나 군사적 침략 위협 후에 중국과 다양한 외국 열강(특히 영국·프랑스·독일·미국·러시아·일본) 사이에 체결된 일련의 불평등 조약에는 중국이 배상금을 지불하고, 항구를 개방하고, 관세의 자율성을 포기하고, 아편 수입을 합법화하고, 외국인 거주자들에게 치외법권의 특혜를 부여하도록 강요하는 일방적인 조항들이 담겼다.
19. Maochun Miles Yu, "The Battle of Quemoy. The Amphibious Assault That Held the Postwar Military Balance in the Taïwan Strait", Naval War College Review, vol. 69, no 2, 2016, p. 105.
20. Bernard D. Cole, "The History of the Twenty-First-Century Chinese Navy", Naval War College Review, vol. 67, no 3, 2014, p. 49.
21. Pierre Andrieu, Géopolitique des relations russo-chinoises, Paris, Puf,

"Géopolitiques", 2023.

22. 고르시코프는 특히 러시아어로 번역된 바르조(Barjot) 제독의 책 《핵 시대의 해군을 향해서(Vers la marine de l'âge atomique)》(1955)를 참조했다.

2 잠에서 깨어난 중국 경제

1. 일부 경제학자는 이 추정치가 무엇보다 중국의 거대한 인구에 따른 것으로, 1인당 GDP는 미미했다고 비판한다. 1820년에 중국 인구는 3억 8000만 명이었고, 세계 인구는 10억 명이었다.
2. Geoffrey Till, *Seapower: A Guide for the Twenty-First Century*, London, Routledge, 2013, p. 88.
3. 배후지는 항만의 경제적 유인이 작용하는 지역을 지칭한다. 이런 지역은 유입되는 원료와 에너지 자원의 해상 흐름, 그리고 그곳에서 제조해 바다를 통해 수출하는 제품의 해상 흐름 덕분에 발전한다.
4. 4년 후, 14개 항구를 유사한 방식으로 더 개방했는데, 이 항구들은 모두 19세기에 외국에 개항된 바 있었다.
5. 16세기에 네덜란드 성공의 열쇠 중 하나는 세계의 선주 역할이었는데, 이는 중국 해상제국이 염원하는 지위다. 리슐리외(Armand Jean du Plessis Richelieu)는 《정치 유고(Testament politique)》에서 다음과 같이 말했다. "자국에서 버터와 치즈밖에 안 나오지만 이 국가는 필요한 것의 대부분을 거의 모든 유럽 국가에 제공한다. 항해술이 이 나라를 세계 전역에서 너무나 유명하고 강력하게 만들었으며, 오래전부터 자리를 잡은 포르투갈인들을 물리치고 동인도에서 무역 지배자가 된 후에는, 브라질의 대부분을 차지하며 서인도에서 에스파냐인들에게 일거리를 조금도 주지 않는다." Richelieu, Armand Jean du Plessis. *Testament politique*, édité par Françoise Hildesheimer, Paris, H. Champion, 2012, p. 299.
6. 협약에 의하면 중국이 전혀 권리가 없는데도 자기 영역이라 주장하는 해역에 미국 전함을 통과시키는 작전.
7. 영해와 부속 도서 너머에 위치한 배타적 경제수역은 특별 사법 체계를 따른다. 연안국가는 그 수역에서 해저의 상부 수역, 해저 및 그 하층토의 생물이나 무생물 등 천

연자원의 탐사와 개발, 보존 및 관리를 목적으로 하는 주권적 권리를 가지며, 이 수역의 경제적 목적의 탐사 및 개발과 관련된 다른 활동에 대해서도 마찬가지다.
8. 중국 항구의 해양 접근로인 남중국해, 동중국해, 황해 같은 중국 근해를 에워싼 섬들은 그 섬들을 분리하는 해협들이 봉쇄된다면 진정한 '족쇄'가 되어 다른 바다와 대양과의 해상 교역을 막을 것이다. 이 족쇄는 미국 국무장관 존 포스터 덜레스(John Foster Dulles)가 1951년에 처음 구상한 제1도련선으로 구획되는 지역을 말라카까지 확장해, 남중국해와 동중국해, 황해 전체를 망라한다.
9. 상설중재재판소는 1982년 몬테고 베이에서 체결된 유엔해양법협약에 관한 분쟁을 판결할 자격이 부여된 다국적 기구다.
10. 간척은 바다나 습지에 제방 쌓기, 매립, 건조로 땅을 획득하는 것이다.
11. *Vision and Actions on Jointly Building Silk Road Economic Belt and 21st Century Maritime Silk Road*, National Development and Reform Commission, march 2015.
12. "Vision for Maritime Cooperation under the Belt and Road Initiative", June 20 2017.
13. '블루 경제'는 해양 부문 관련 경제 활동을 가리키는 개념.
14. *China's Arctic Policy*, The State Council Information Office of the People's Republic of China, January 2018.
15. 오늘날 폭넓게 받아들여지는 이 개념은 원래 미국 국무부의 내부 보고서에서 유래했다. Juli A. MacDonald, Amy Donahue, Bethany Danyluk, *Energy Futures in Asia: Final Report*, Booz-Allen & Hamilton, November 2004.
16. 중국이 겪은 굴욕은 러시아가 그곳에 건설한 항구에 블라디보스토크라는 이름을 붙였을 때 특히 심했다. 그 이름은 러시아어로 '동방의 지배'라는 뜻이다.
17. Camille Escudé, *Géopolitique de l'Arctique*, Paris, Puf, 2024.
18. 러시아의 원자력 공기업 로사톰은 핵추진 쇄빙선단을 운영하고 러시아 북부의 해로 개발을 맡아 관리하는 회사다.

3 중국 해군의 탄생과 경이로운 발전

1. You Ji, *The Evolution of China's Maritime Combat Doctrines and Models: 1949-2001*, Singapour, Institute of Defence and Strategic Studies, Working Paper no 22, May 2002, p. 8.
2. Ibid., p. 12.
3. 미얀마도 아니다. 미얀마 국민은 미얀마를 통치하는 군부 독재 정부를 지지하는 중국의 정책에 아주 비판적이다. 2022년 2월 14일, 중국과 미얀마 간의 가스관과 송유관은 군부 독재 정부에 반대하는 국민방위대의 현지 부대에 공격받아 파괴되었다.
4. 사실 베트남은 '바다의 인민 전쟁'에서 중국의 해상 민병대와 직접 경쟁하겠다는 목표 하나로 2009년에 자국의 해상 민병대를 공식 창설했다.
5. Office of Ocean and Polar Affairs, Bureau of Oceans and International Environmental and Scientific Affairs, U.S. Department of State, "China Maritime Claims in the South China Sea", no 143, December 5, 2014, p. 4.
6. 중국과 타이완이 판결을 받아들이지 않았지만, 네덜란드 헤이그의 상설중재재판소는 중국이 남중국해의 전략적 해역 대부분에 대한 '역사적 권리'가 없다고 2016년 7월 12일에 평가했다.
7. 베르나르 페니송(Bernard Pénisson) 교수에 따르면, 생존 함대란 전투 역량에서 적의 함대보다 열세여서 수단과 지휘 체계에서 우월한 적의 함대에 파괴되지 않으려고 기지에 피신해 있어야 하는 함대다. 에르베 쿠토베가리(Hervé Coutau-Bégarie) 교수는 비활동 함대도 그 존재만으로 우세한 측에게 하나의 위협이 되므로 침몰한 함대보다는 낫다고 지적한다. "오늘날 그런 함대는 이른바 실존적 억지력이라고 부를 수 있는 것을 확보한다." Hervé Coutau-Bégarie, *Traité de stratégie*, Paris, École de guerre/Economica, 2011, p. 592.
8. 선거 후 얼마 지나지 않아서 배포된 공개서한에서 솔로몬제도의 경찰들은 자신들도 모르는 사이에 중국 경찰들이 개입한다고 비난했다. 이런 오만한 태도는 주민들 사이에 거부 현상을 유발할 수 있을 것이다.
9. 태국은 2030년 완공을 목표로 2023년 11월에 끄라 지협 횡단 프로젝트를 추진했다. 외국 투자자는 항구와 부속 인프라 건설에 현지 기업과 합작으로 지분의 50퍼센트 이상을 보유할 수 있게 허용될 것이다. 이 프로젝트는 끄라 운하를 굴착하려는 많

은 프로젝트를 이어받은 것인데, 그중 처음은 17세기로 거슬러올라가고, 마지막은 2020년이었다.

10. 프랑스에서는 사출 장치와 정지 기어를 갖춘 CATOBAR(catapult assisted take-off but arrested recovery) 방식의 전함만 항공모함으로 부르기로 합의되어 있다. 2023년에 현존하는 항공모함은 미국과 프랑스의 항공모함들뿐이다. STOVL(short take-off vertical landing)과 STOBAR(short take-off but arrested recovery) 등 다른 이륙 방식을 사용하는 군함은 '경항공모함'으로 불린다. STOBAR 시스템을 갖춘 '산둥'호나 '랴오닝'호를 항공모함으로 간주하지 않는 것은 이런 이유 때문이다. '푸젠'호는 사출 장치 시스템이 유효하다고 인정되면 진정한 항공모함이 될 것이다.

11. 2004년 10월 1일, 미 해군의 항공모함 전단은 중요성이 커지는 육지 투사 전력을 강조하기 위해 '항공모함 전투단(carrier battle group)' 대신에 '항공모함 타격단'이라 명명되었다. 프랑스는 '항공모함 전단'이란 명칭을 고수했다. 항공모함 전단의 운영상 구성은 항공모함 1척과 여러 전투 영역에서 전문화된 순양함이나 구축함 여러 척, 그리고 항공기 수십 대의 항공단으로 이루어진다. 또한 1~2척의 공격핵잠수함과 적어도 1척의 연료·무기·생필품 보급선을 포함한다.

12. 1982년의 포클랜드 전쟁에서 영국 해군의 승리를 연구한 중국군의 분석가들은 경항공모함이 아르헨티나에 대한 영국의 승리에 핵심 역할을 했다고 결론 내렸다.

13. 지부티가 독립한 1977년 6월 직후 발생할지도 모를 소말리아의 기습을 예방하기 위해 프랑스는 4월 16일부터 6월 15일까지 항공모함 클레망소(Clemenceau)호 주변에 사피르 II 전단을 배치했다. 지부티의 독립 기념식에 맞춰 항공모함은 포슈(Foch)호와 교대했다. 포슈호는 상황이 안정된 후인 11월 30일까지 현장에 머물렀다. Hervé Coutau-Bégarie, *Traité de stratégie*, Paris, École de guerre/Economica, 2011, p. 164.

14. 항공모함 클레망소호는 베이루트에서 테러를 당해 58명의 사망자가 나온 프랑스 지상군 파견대를 지원하기 위해 1983년 10월에서 1984년 1월까지 동지중해에서 '올리팡(Olifant) XVIII' 작전에 들어갔다. 클레망소호는 1월 24일까지 짧은 정비를 위해 툴롱항으로 귀환했다. 그래서 공군이 공중 경계를 담당해 재규어기 4대의 정찰 비행으로 시위를 벌인 '슈벤(Chevesne)' 작전을 실시했다. 비행은 논스톱으로

왕복 7시간 걸렸는데, 공중 급유를 4회 받고 전함 쉬프랑(Suffren)호의 유도를 받았다. 항공기들은 현장에서 체공할 여력이 전혀 없었고, 작전은 재개되지 않았다. Hervé Coutau-Bégarie, *Le Meilleur des ambassadeurs: théorie et pratique de la diplomatie navale*, Paris, Economica, 2010, p. 143.

15. 1장 주 13 참조.
16. 군에 따라 다른 제복의 단추에 빗댄 표현.
17. 1947년, 이 국가안전보장법으로 군과 정보기관을 대대적으로 개편했다. 미국 육군 항공대(US Army Air Force, USAAF)는 독자적인 조직이 되어 미국 공군(US Air Force, USAF)으로 불리게 되었다. 국가군사기구(National Military Establishment, NME)는 국방부 장관 휘하로 통합되었고, 국방부는 육군성으로 알려진 전쟁성과 함께 해군성과 공군성을 모두 통합했다. 바다에서부터 개입하는 것이 임무인 미 해병대 역시 해군 내에 있으면서도 독자적인 군이 되었다.
18. 초대형 항공모함 CVB-58의 건조는 1949년에 중단되었다가 1951년 초에 최종 승인되었다. 이 항공모함은 CVA-59로 재지정되었다가 이 계획을 추진한 사람을 기려 포레스탈호로 명명되었다.
19. 중국군은 미그 15기의 지원을 받았는데, 놀라운 성능의 이 소련 제트 전투기는 북한 국기를 달았고 초기에 미국 전투기를 압도했다. 소련 전투기는 미군 폭격기 B-29 슈퍼포트리스(Superfortress)를 전투기의 호위가 있어도 격추할 수 있었다.
20. David N. Rowe, "Taïwan. Problems and Prospects", *Naval War College Review*, vol. 12, no 2, February 1959, p. 21-48.
21. Douglas Porch, "The Taïwan Strait Crisis of 1996. Strategic Implications for the United States Navy", *Naval War College Review*, vol. 52, no 3, June 1999, p. 15-48.
22. 공산권 국가들의 영해 경계는 이 시기에 이미 12해리였다. 이 거리를 다른 국가들에도 적용하는 몬테고 베이 협약은 1994년에 효력이 발생한다.
23. Douglas Porch, "The Taïwan Strait Crisis of 1996. Strategic Implications for the United States Navy", *Naval War College Review*, vol. 52, no 3, June 1999, p. 15-48.
24. Dr Sidharth Kaushal, "The Zircon: How Much of a Threat Does Russia's

Hypersonic Missile Pose?", 24 January 2023, https://rusi.org/explore-our-research/publications/commentary/zircon-how-much-threat-does-russias-hypersonic-missile-pose. (2023/3/10 검색.)

25. https://www.navy.gov.au/hmas-melbourne-ii-part-2.
26. 스랑 제독(1621~1696)은 1681년에 타이완을 정복한 청나라 함대의 사령관이다.
27. 모든 종류의 선박은 명명되는 날 이름을 얻는다. 게다가 중국 항공모함 3척의 형식은 건조 중에 변경되었다. 이해하기 쉽도록 이제부터 최종 이름과 유형을 사용한다. 이에 따라 건조 순서대로 001형 랴오닝, 002형 산둥, 003형 푸젠이다.
28. *2022 Military and Security Developments Involving the People's Republic of China*, Office of the Secretary of Defense, annual report to Congress, p. 129.
29. Emmanuel Sassard, "Des limites des concepts de zone grise et de guerre hybride, et de leurs implications (T 1218)", *Revue de la défense nationale*, 18 novembre 2020.
30. SSGN은 순항미사일 핵잠수함(Submersible Ship-Guided missile-Nuclear)의 약어. 총 4척의 순항미사일 핵잠수함(오하이오호·미시간호·플로리다호·조지아호)은 길이 170.7미터, 잠수 배수량 1만 8750톤이다. 이는 오하이오급 탄도미사일 핵잠수함(나토의 명칭으로는 SSBN)을 2002년부터 전환한 것이다. 그 결과, 이전에 트라이던트 탄도미사일용으로 사용되던 발사관 24개 중 22개가 이후 토마호크 미사일 발사대를 수용해 발사관당 7기(총 154기)의 토마호크 미사일이 탑재되었다.
31. 2011년 3월 19일에서 20일로 넘어가는 밤, 역사상 처음으로 잠수함이 공습의 포문을 열었다. 토마호크 순항미사일 120기 이상이 '오디세이 새벽(Odyssey Dawn)' 작전의 서막으로 리비아에 쏟아졌다. 이런 정밀 타격으로 리비아의 방공 체계는 무너져 여러 나토 회원국의 전투기 조종사들이 아무 위험 없이 리비아 영공을 날 수 있었다. 플로리다호 단독으로 93기의 미사일을 발사했다.
32. https://www.lemonde.fr/international/article/2021/10/07/un-sous-marin-americain-a-heurte-un-objet-non-identifie-en-mer-de-chine_6097535_3210.html.
33. *Military and Security Developments Involving the People's Republic of China, 2015*, Office of the Secretary of Defense, annual report to Congress.

결론: 세계의 해상제국이 되려는 중국의 열망은 이루어질까

1. 2024년 6월 12일, 유럽연합은 이 관세를 중국 제조업체 비야디(BYD)에는 17.4퍼센트, 지리(Geely)에는 20퍼센트, 상하이자동차(SAIC)에는 38.1퍼센트로 올렸다. 다른 제조업체들에는 중국 당국과의 논의가 실효성 있는 해결책에 이르지 못하면 평균 21퍼센트 관세를 적용할 것이다. 그렇지만 이런 조치는 미국이 취한 조치에 비하면 아주 제한적이다. 조 바이든 미국 대통령은 중국산 전기자동차에 대한 관세를 종전의 25퍼센트에서 100퍼센트로 올린다고 2024년 5월 14일에 발표했다. (*Le Monde avec AFP*, 12 juin 2024.)
2. 경제적이든 군사적이든 모든 형태의 하드 파워(hard power).
3. https://chinedirect.net/geopolitique/quest-ce-que-le-reve-chinois/#ntb-095.

참고문헌

★

Barlow, Jeffrey G., *Revolt of the Admirals: The Fight for Naval Aviation, 1945-1950*, Washington, Naval historical Center, Dept. of the Navy, 1994.

Bellec, François, *Marchands au long cours*. Paris, Éditions du Chêne, 2003.

Bergère, Marie-Claire, Lucien Bianco, Jürgen Domes, *La Chine au XXe siècle*. Paris, Fayard, 1989.

Cabestan, Jean-Pierre, *La Politique internationale de la Chine: entre intégration et volonté de puissance*, Paris, Les Presses de Sciences Po, 2022.

Cable, James, *Gunboat Diplomacy, 1919-1979: Political Applications of Limited Naval Force*, London, Macmillan, 1981.

Castex, Raoul, préface de Jacques Chirac, *Théories stratégiques*, Paris, Economica, 1997.

Chaliand, Gérard, Jean-Pierr Rageaue, Catherine Petit, *Atlas stratégique: géopolitique des rapports de forces dans le monde*, Paris, Fayard, 1983.

Clausewitz, Carl von, *On War*, trad. Peter Paret and Michael Howard, Princeton, Princeton University Press, 1976. (카알 폰 클라우제비츠 지음, 김만수 옮김, 《전쟁론》, 갈무리, 2016.)

Corbett, Julian Stafford, *Some Principles of Maritime Strategy*, London, Longmans, Green & Co, 1918.

Coutansais, Cyrille P., *Atlas des empires maritimes*, Paris, CNRS Éditions, 2013.

Coutau-Begarie, Hervé, *Le Meilleur des ambassadeurs: théorie et pratique de la diplomatie navale*, Paris, Economica, 2010.

Coutau-Begarie, Hervé, *Traité de stratégie*, Paris, École de guerre/Economica, 2011.

Fairbank, John King, Merle Goldman, *Histoire de la Chine: des origines à nos jours*, trad. Simon Duran, Paris, Tallandier, 2013. (존 킹 페어뱅크·멀 골드만 지음, 김형종·신성곤 옮김,《신중국사》, 까치, 2005.)

Giltsov, Lev, Nicolaï Mormoul, Leonid Ossipenko, Jean-Charles Deniau, Sergueï Kostine, *La Dramatique Histoire des sous-marins nucléaires soviétiques: des exploits, des échecs et des catastrophes cachées pendant trente ans*, Paris, Robert Laffont, 1992.

Gravereau, Jacques, *La Chine conquérante: enquête sur une étrange superpuissance*, Paris, Eyrolles, 2017.

Jan, Michel, Gérard Chaliand, Jean-Pierre Rageau, Bruno Jan, Catherine Petit, *Atlas de l'Asie orientale: histoire et stratégies*, Paris, Seuil, 1997.

Kaplan, Robert D., *The Revenge of Geography: What the Map Tells us About Coming Conflicts and the Battle Against Fate*, New York, Random House, 2013. (로버트 D. 캐플런 지음, 이순호 옮김,《지리의 복수―지리는 세계 각국에 어떤 운명을 부여하는가?》, 미지북스, 2017.)

Le Masson, Henri, Jérôme Le Masson, *Les Flottes de combat 1958*, Paris, Éditions maritimes et coloniales, 1957.

Liu Le Grix, Libin, Claude Chancel, *Le Grand Livre de la Chine*, Paris, Eyrolles, 2016.

Liu, Mingfu, Yazhou Liu, *The China Dream: Great Power Thinking & Strategic Posture in the Post-American Era*, New York, CN Times Books, 2015.

Maddison, Angus, *Chinese Economic Performance in the Long Run*, Paris, Centre de développement de l'OCDE, 2007.

Mahan, Alfred Thayer, *The Influence of Sea Power Upon History, 1660-1783*, New York, Dover, 1987. (알프레드 세이어 마한 지음, 김주식 옮김,《해양력이

역사에 미치는 영향 1, 2》, 책세상, 2020, 2022.)

Olender, Piotr, *Sino-French Naval War, 1884-1885*, "Maritime series", New York, Mushroom Model Publications, no 3104, 2012.

Overy, R. J., *The Times Complete History of the World*, London, Times Books, 2010. (리처드 오버리 편, 이종경·왕수민·이기홍 옮김, 《지도와 사진으로 보는 더 타임스 세계사》, 예경, 2019.)

Paine, S. C. M., *The Sino-Japanese War of 1894-1895: Perception, Power, and Primacy*, Cambridge, Cambridge University Press, 2003.

Pélissier, Roger, *Le Troisième Géant, la Chine* (4 vol.), Paris, Presses de France, 1965.

Richelieu, Armand Jean du Plessis, *Testament politique*, édité par Françoise Hildesheimer. Paris, H. Champion, 2012.

Rouil, Christophe, *Formose: des batailles presque oubliées……* Taipei, Les Éditions du pigeonnier, 2001.

Schmitt, Carl, *Le Nomos de la Terre: dans le droit des gens du Jus publicum europaeum*, trad. Lilyane Deroche-Gurcel, introduction par Peter Haggenmacher, Paris, Puf, 2008. (칼 슈미트 지음, 최재훈 옮김, 《대지의 노모스》, 민음사, 1995.)

Schmitt, Carl, *Terre et mer: un point de vue sur l'histoire mondiale*, trad. Jean-Louis Pesteil, introduction par Alain de Benoist, Paris, Pierre-Guillaume de Roux, 2017.

Sun, Tsu, *L'Art de la guerre*, Samuel B. Griffith (éd.), trad. Francis Wang, Paris, Flammarion, 1972. (손자 지음, 김원중 옮김, 《손자병법》, 휴머니스트, 2020.)

Till, Geoffrey, *Seapower: A Guide for the Twenty-First Century*, London, Routledge, 2013.

Wedin, Lars, *From Sun Tzu to Hyperwar: A Strategic Encyclopaedia*, Stockholm, The Royal Swedish Academy of War Sciences, 2019.

Yoshihara Toshi, *Mao's Army Goes to Sea: The Island Campaigns and the Founding of China's Navy*, Washington D.C., Georgetown University Press, 2022.